lonely planet

U0825185

口袋指南

巴厘岛

必游景点 · 本地体验 · 轻松出发

Pocket

本书作者
瑞安·维尔·贝克摩斯（Ryan Ver Berkmoes）

中国地图出版社

本书特色

轻松计划行程

全方位了解目的地，
助你规划精彩行程

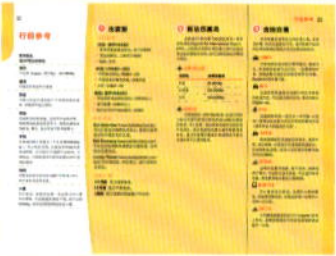

行前参考
贴心提示让旅途
更轻松

巴厘岛最佳
多彩榜单助你快速
了解目的地亮点

探索巴厘岛

分区域介绍
最佳看点和活动

顶级体验
不可错过的精彩

当地生活
体验原汁原味的
目的地

生存指南

实用建议
令你上路无忧

当地交通
像本地人一样四通八达

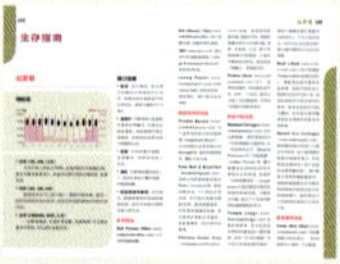

实用信息
包括住宿推荐在内的
详尽贴士

特别呈现

作者的优选内容
让旅行体验更深入

最佳步行游览
双脚丈量巴厘岛的经
典线路

了解灰页
丰富生动的文化背景
知识

通过下列符号找到该区域的最佳选择：

- 景点和活动
- 就餐
- 饮品
- 娱乐
- 购物

下列符号所代表的都是重要信息：

电话号码	适合家庭
营业时间	允许携带宠物
停车场	巴士
禁止吸烟	轮渡
上网	地铁
无线网络	地铁
素食菜品	有轨电车
英语菜单	火车

地图标识助你快速找到需要的信息：

Lonely Planet《巴厘岛》

Lonely Planet口袋指南专为希望轻松深入目的地的你而精心打造。

在书中，你会找到巴厘岛所有的必游景点，独家的建议也会让你的旅程更加难忘。我们将巴厘岛划分成几个合理的区域，并通过清晰的地图让你便捷、迅速地找到所有地点。我们的资深作者通过实地调研，为你呈现出本地精华所在，例如潜水和浮潜、夜生活、美食和购物。若你还想探索更多，我们的“当地生活”章节将为你推荐不为人知的精彩路线，深入体验原汁原味的巴厘岛。

另外，书中的各类实用信息也能令你的旅程更加轻松顺利。短途的游览路线、当地交通，甚至在漫长而疲惫的一日游览过后，你需要给你的服务生多少小费，在这本小书中均有提及。

Lonely Planet《巴厘岛》将是你在旅途中获得美妙体验的保证。

我们的承诺

我们的工作就是让你拥有高品质的旅程。在写作每一版指南之前，孤独星球的作者都会实地考察、亲身体验。请放心，我们一贯实事求是，从不接受他人馈赠而为之宣传。

轻松计划行程 7

探索巴厘岛 37

生存指南 147

特别呈现

值得一游

最佳步行游览

了解巴厘岛

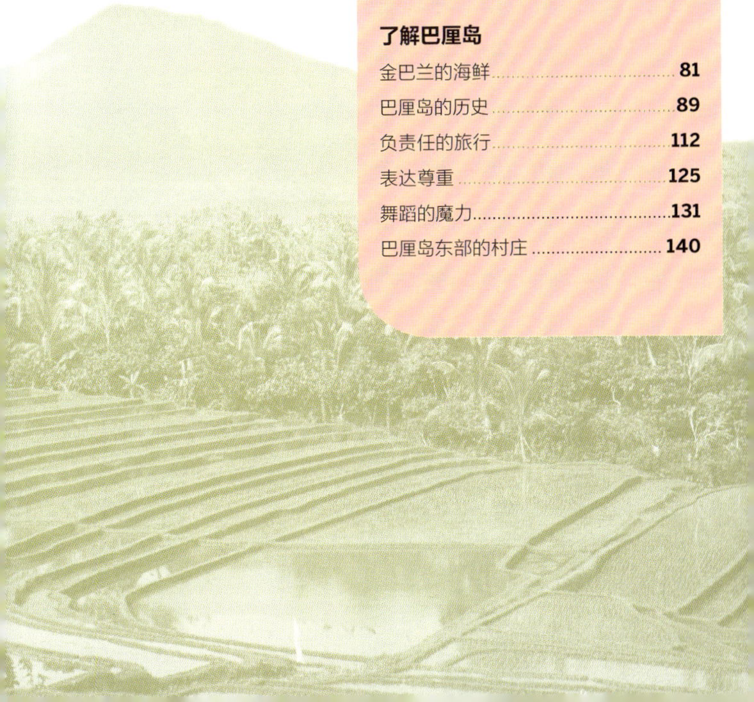

轻松计划行程

欢迎来巴厘岛

只要提到巴厘岛，人们就会情不自禁地联想到天堂。它不只是一个地理坐标，还是一种情结、一份期盼、一颗热情如火的心。从精致的花瓣供品，到传统的音乐舞蹈，巴厘岛的方方面面都体现出丰富的文化底蕴。美丽的海滩、世界级的冲浪点、一流的餐饮、迷人的夕阳、优美的徒步路线，还有美妙的购物体验，使得这里的确无与伦比。

巴厘岛的传统舞者

KERTU / SHUTTERSTOCK ©

巴厘岛
顶级体验

巴都考庙（见74页）

巴都考庙是巴厘岛最重要的寺庙之一，总能令人心生感触。这里云雾笼罩、神秘非凡，是思考巴厘岛信仰、亲近自然的好所在。

GONZALO AZUMENDI / GETTY IMAGES ©

乌鲁瓦图的海滩（见84页）

在这里，一抹白沙海滩衬着印度洋的蔚蓝海水，小海湾隐蔽在石灰岩峭壁之下，周围林木茂盛，一派热带风光。听起来有种田园牧歌般的惬意，事实也的确如此。

蓝梦岛（见106页）

在海滩发呆、去海上弄潮、浮潜时邂逅鹦嘴鱼、潜水时与翻车鱼亲密接触——正是这些时刻道出了蓝梦岛的魅力所在。

游览乌布的稻田(见116页)

层层叠叠的稻田好似绿色的缎带,缠绕着长有零星棕榈树的山坡,一块块绿油油的农田铺满大地——这些只是你在游览乌布稻田时见识到的一小部分。

K. ARIANA / SHUTTERSTOCK ©

DUDAREV MIKHAIL / SHUTTERSTOCK ©

特拉旺干岛

(见142页)

特拉旺干岛上有没日没夜进行的派对,从巴厘岛乘快船过去领略一番吧。潜水与浮潜爱好者们将在海滩附近体验水下的美丽风光。

巴厘岛最佳 海滩

巴厘岛海滩众多，因此吸引了大批游客远道而来。这些海滩风格各异，可以满足不同人群的各种喜好。库塔之所以成为旅游业的先驱，看一眼这里的海滩你就明白了。库塔海滩广袤无垠，岸边层层海浪翻滚，好似镶着白边的蓝色长缎带。

一片适合任何心情的海滩

周日，库塔海滩挤满了当地人。无论何时，海滩沿线总有地方能让你享受到按摩和便宜的冰爽啤酒。度假者们会寻一片喜爱的地段，与摊贩们变得熟络，在旅途之余重返这片心仪之地。从水明漾向北，经过巴都贝丽格（Batubelig）、巴都博隆（Batu Bolong），一路前往回音海滩，这些时尚的休闲地点有众多豪华夜店和不起眼的啤酒摊贩。机场以南是岩石遍地的布科半岛（Bukit Peninsula），这里的悬崖峭壁下有许多隐秘的小海湾和沙滩，一直延伸到乌鲁瓦图。与久闻大名的白沙滩亲密接触后，你会发现这些恬静的海滩环境优美，非常适合观看世界级的冲浪者弄潮。此外，在杜亚岛（Nusa Dua）、南湾（Tanjung Benoa）和沙努尔（Sanur），珊瑚礁拱卫的海滩每日都有人清理，非常适合家庭游客。巴厘岛东部的火山黑沙海滩人迹罕至，蓝梦岛（Nusa Lembongan）的海滨客栈则拥有无与伦比的夕阳美景。你还可以去特拉旺干岛（Gili Trawangan），这里的沙滩雪白，酒吧夜店林立，是个尽情玩乐的好地方。

JOAKIMBKK / GETTY IMAGES ©

☑ 独家贴士

- 在巴厘岛，从回音海滩到乌鲁瓦图等向西的海滩都有壮观的落日美景，但其实在沙努尔等向东的海滩上，看着蓝梦岛（见上图）与其他岛屿在夕阳下染成粉色，也是美妙的体验。
- 几乎所有的海滩都有至少一个小摊，提供冰爽的啤酒。

最适合和朋友闲逛的海滩

双六海滩 游客与当地人混杂，乐趣多多。（见43页）

特拉旺干岛 锐舞狂欢，好戏才刚刚上演。（见142页）

水明漾海滩 海滩边夜店和咖啡馆鳞次栉比，或豪

水明漾海滩（见53页）

华或低调，各擅胜场。（见53页）

巴都博隆海滩 应有尽有的美妙新热点。（见67页）

巴朗甘海滩 经典的小海湾沙滩，值得专程自驾前往。（见85页）

库塔海滩 最老牌的游客海滩，魅力不减当年。（见42页）

回音海滩 顶级的冲浪地点，娱乐大众。（见67页）

帕当帕当海滩 小沙滩也有高人气。（见85页）

最适合家庭游客的海滩

库塔海滩 有多家冲浪学校。（见42页）

沙努尔海滩 浪型平缓，孩子们也能玩得开心。（见101页）

巴都博隆海滩 各年龄段的酷小孩的云集之所。（见67页）

最适合避世的隐秘海滩

宾津海滩 交通不便，非常清静。（见85页）

克洛泰克海滩 黑沙闪亮，游客罕至。（见137页）

帕特雷亚沙海滩 隐秘的瑰宝。（见42页）

最适合休闲的海滩

巴朗甘海滩 弧形的白沙滩，简陋却受人喜爱，来此呼呼大睡或开怀畅饮最合适不过。（见85页）

蓝梦岛的海滩 海湾虽小，沙滩却如梦似幻，适宜漫步，也提供美好的游泳体验。（见106页）

最适合海边用餐的海滩

金巴兰海滩 海滩餐馆林立，供应海鲜烧烤，声名远播。（见79页）

巴西布地 巴厘岛东部最美好的海滩，有相当好的咖啡馆。（见139页）

乐比海滩 一边品尝当天的渔获，一边欣赏沿岸停泊的渔船。（见137页）

巴厘岛最佳 夜生活

库塔、雷吉安、水明漾的夜店是巴厘岛吸引人的重要原因之一。夕阳西下时，海滩酒吧非常热闹，随着夜幕降临，其他的酒吧和夜店也开始派对狂欢。整晚挨家逛夜店已成了巴厘岛的传统，你肯定会为音乐、美酒、与众同乐而兴奋不已。

适合各种品位的夜生活

你可以在司空见惯的热带沙地酒吧痛饮冰爽的Bintang啤酒。如果去与之截然不同的潮人聚集的夜店，你得花上大半天时间去打扮。不过多数时候，巴厘岛的夜生活都没有那么多条条框框，也无须矫揉造作：无论哪天晚上，你都有机会聆听现场摇滚、跳段热舞、观看变装秀、随着DJ乐曲来段曳步舞、赢得（或输掉）饮酒比赛，也可以与新老朋友一起度过美好的时光。

CHEECHEW / GETTY IMAGES ©

☑ 独家贴士

▸感受巴厘岛夜生活传统也许会是你此行最难忘的记忆：乌布及周边的舞蹈表演融美感、才华、戏剧于一身，有时还很诙谐。

最佳派对

Sky Garden Lounge 几层楼的夜店和酒吧，供应特价饮品。（见48页）

特拉旺干岛 整个岛屿彻夜狂欢。（见142页）

Black Shores 鸡尾酒、现场乐队和悠闲的气氛。（见71页）

最佳时尚酒吧

Potato Head 位于水明漾海滩的高端休闲酒吧，鸡尾酒出类拔萃。（见71页）

Red Carpet Champagne Bar 这里的香槟和生蚝极为有名。（见58页）

Double-Six Rooftop 美丽的落日，装饰奢华时尚。（见47页）

La Favela 巴厘岛最吸引人的夜店之一。（见57页）

最佳现场音乐

Ryoshi Seminyak House of Jazz 经常有当地和国际乐队的现场演出。（见57页）

Bali Joe 巴厘岛最好的变装秀。（见58页）

Pura Dalem Ubud 见证巴厘岛传统舞蹈的美妙场所。（见130页）

巴厘岛最佳
身体护理

无论是充分调整心灵、身体、精神，还是只求享受片刻的宁静，许多到巴厘岛的旅行者都可以通过按摩、去除角质、香薰、护理、洗浴等方式愉快地度过几个小时（甚至几天）。身体护理场所有些设在海滩上或花园里，还有些则是时尚甚至奢华的高档水疗场所。

各种舒爽

水疗场所的风格不一而足，有的郑重其事，有的轻松诙谐，在小巷深处和专属奢华酒店里都能看到它们的存在。护理方式包罗万象，有些令人放松，有些则是彻底排出身体毒素，还可能令精神状态焕然一新。你既可以舒舒服服地躺着享受，也可以动起来。瑜伽的人气居高不下，巴厘岛的文化氛围与气质更为这种体验锦上添花。

巴厘岛式按摩

传统的巴厘岛按摩技巧包括伸展、推拿、滚揉、掌压、指按等，可以缓解肌肉紧张，改善血液循环，令人倍感放松。传统的草药疗法很受欢迎。

最佳按摩

Jari Menari 以技艺高超而闻名的巴厘岛按摩中心。（见53页）

Sundari Day Spa 在日间水疗中使用有机按摩精油。（见67页）

最佳护理水疗

Prana 疗法丰富，装饰豪华。（见54页）

Jamu Traditional Spa 人气旺、安静、奢华。（见44页）

LUCKY BUSINESS / SHUTTERSTOCK ©

Jamu Wellness 疗法多样的雅致水疗。（见102页）

最佳瑜伽

Yoga Barn 位于乌布，是多种流派的瑜伽中心。（见119页）

Taksu Spa 集瑜伽与水疗于一身。（见124页）

Power of Now Oasis 黎明时在海滩练习瑜伽。（见101页）

最佳排毒护理

Ubud Sari Health Resort 可以净化身体，排出毒素。（见124页）

巴厘岛最佳
潜水和浮潜

有机会见识到3米长的翻车鱼，这个理由就足以吸引你在巴厘岛潜水。你在岛屿周边的许多地点都可以看到这些巨大的生物，此外还有鹦嘴鱼、鲸等种类极其丰富的鱼类和海洋哺乳动物。群岛周边也有许多浮潜场所，同样令人向往。

在巴厘岛潜水

巴厘岛的海水温暖，珊瑚礁分布面积广，再加上丰富的海洋生物，的确是潜水的不二之选。海岸各处的可靠潜水学校和运营商提供的项目非常丰富，既有适合初学者的课程，也有满足潜水老手的挑战性行程。蓝梦岛的运营商可以安排蓝梦岛和珀尼达岛（Nusa Penida；世界级潜水场所）周边的潜水。特拉旺干岛的潜水体验同样美妙。如果你不挑剔的话，你可以在这里找到所需的一切设备（品质、尺寸、新旧程度的差别较大）。如果你自带装备，往往还可以享受折扣。有些便携的小装备不妨自带，如防护手套、备用的潜水面镜带、硅润滑剂，以及手电的备用灯罩或灯泡等。

在巴厘岛浮潜

几乎所有易到达的潜水点附近都可以租到浮潜装备，但如果行李箱没那么满，不如自带装备，去海岸边游客不多的地方看看。只要是有珊瑚礁（浪大的地方除外），你就可以一头扎进水里。

DUDAREV MIKHAIL / SHUTTERSTOCK ©

☑ 独家贴士

▸让运营商出示资质证明，有信誉的潜水商店都不会拒绝这样的要求。为取得执照的潜水者充当礁岩潜水向导的人，必须具备“救援潜水员”资格，持有“潜水长”证明的更好。

▸潜水船至少要配备氧气瓶和急救箱，无线电和手机也很重要。

DEZAY / SHUTTERSTOCK ©

左图：在巴厘岛浮潜；上图：珊瑚礁中游弋的神仙鱼

最佳潜水

特拉旺干岛 潜水商店和潜水场所众多。这里的自由潜水人气很高，岛屿周围到处都有珊瑚礁。（见142页）

蓝梦岛 这座岛屿及附近的两座岛屿有几十处出色的潜水点。（见106页）

World Diving 优秀的蓝梦岛运营商，组织各种行程，也提供认证课程，还能安排到附近珀尼达岛周边开展具有挑战性的深海潜水。（见107页）

Crystal Divers 沙努尔的顶级潜水商店，提供出色的培训项目，也能安排各种行程。（见102页）

最佳浮潜

特拉旺干岛 海滩附近就有鱼类畅游的珊瑚礁可供探索。（见142页）

蓝梦岛 有珊瑚礁和红树林，美妙的浮潜场所众多。（见106页）

巴丹拜 在海滩旁即可享受浮潜乐趣。（见140页）

Surya Water Sports 沙努尔最佳水上运动商店，组织浮潜行程。（见102页）

值得一游

门姜岸岛（Pulau Menjangan）是巴厘岛最出名的潜水区域，有12处绝佳的潜水点。潜水体验相当美妙——标志性的热带鱼、软珊瑚、极佳的可见度（通常情况下）、洞窟以及壮观的断壁等。这座岛屿位于巴厘岛西北海岸附近，如果前往有多家度假村的佩姆德兰（Pemuteran）进行过夜游，最好把这里也安排到行程里。

巴厘岛最佳
就餐

巴厘岛是个出色的美食目的地。无论是本土风味，还是受印度尼西亚或亚洲其他地区影响的菜肴，都用当地新鲜丰富的食材制作，调料丰富，味道浓郁。你可以在路边小吃摊（朴素的当地咖啡馆）或高级餐厅享用美食，如果想品尝正宗的巴厘岛菜肴，你还可以选择供应这一地区最精致餐食的食肆。

巴厘岛佳肴

是该描述为色香味俱全，还是该形容成粒粒皆辛苦呢？巴厘岛的菜肴制作大费工夫，享用时却轻而易举。美食是在巴厘岛旅行时最让人开心的要素之一：本地的菜肴花样繁多、品质上乘，你尽可以从一个小吃摊吃到下一个小吃摊，让味蕾始终兴奋无比。

无论到哪里，巴厘岛美食的香气总会伴随你左右。即便身处普通的乡村庭院，每天也能品尝到味道绝佳的新鲜食物。早晨，妇女们起床后的第一件事就是到市场上采购，所有食材都是连夜从农场运至市场的；然后，她们要做出足够一整天吃的食物：辛勤地烤椰子，火候到了的时候，焦甜的香气沁人心脾；再用心地研磨香料，做出完美的调味酱（base）；最后，把食物放在桌上盖上罩子，或者放进玻璃柜子里。在一天中，家人可以随时取食。

市场

熟悉巴厘岛菜肴的最佳方法莫过于逛当地市场，但这不适用于晚起者。6:00~7:00是去市场的最佳时间。市场气氛活跃，色彩鲜艳，到处都摆满了成篮的新鲜水果、蔬菜、鲜花、香料，以及各种红色、黑色、白色的稻米。

KIBOKA / SHUTTERSTOCK ©

☑ 独家贴士

- 巴厘岛的大城小镇都有夜市（pasar malam），你可以在夜市小吃摊和手推车上品尝到无数新鲜的美食。吉安雅（Gianyar）的夜市相当好。
- 如果碰巧与巴厘岛人一起喝咖啡，看到对方将最上层的咖啡倒在地上时不要大惊小怪，这是一种古老的驱邪习俗。

最佳高级餐厅

Locavore 乌布的世界级美食殿堂，供应遵循“从农场到餐桌”理念制作的应季美食，需提前很久预订。（见126页）

HEDGEHOG111 / SHUTTERSTOCK ©

左图：印尼咖啡；上图：巴厘岛菜肴

Sardine 地处巴厘岛喧嚣南部的一片宁静的私家稻田内，海鲜菜肴精致，酒水出众。（见70页）

Mozaic 引领精致餐饮风尚的老字号，就餐区域位于乌布一座美丽的花园里。（见128页）

Bumbu Bali 考究的套餐。（见96页）

最佳印度尼西亚菜肴

Nasi Ayam Kedewatan 乌布外围一家简单的开放式餐厅，品尝sate lilit（沙嗲鱼肉丁、鸡肉丁或猪肉丁）的好去处。（见128页）

Warung Sulawesi 提供来自印度尼西亚各地的美味佳肴，就餐区域位于一个阴凉的家庭院子里。（见70页）

Warung Eny 游客最爱！如果你喜欢所点的菜肴，店里还会带你看看制作过程。（见70页）

Warung Teges 当地人推崇备至的巴厘岛美味，就在乌布南部。（见127页）

Warung Ida Ida与家人共同奉上的当地特色菜肴。（见141页）

最佳各国风味

Pica 乌布居然有南美菜？开放式厨房？是的，而且味道相当好。（见127页）

Warung Goûthé 巴厘岛最佳法式简餐，每日特价菜令人叫绝。（见69页）

Take 各类日式经典菜肴，主打新鲜的巴厘岛海鲜。（见44页）

Sisterfields 经典与创意澳大利亚菜肴。（见54页）

最佳市场

巴东市场 位于登巴萨的巨大市场，当地特产应有尽有。（见113页）

金巴兰鱼市 金巴兰的鱼市远近闻名，另有售卖蔬果的早市。（见79页）

塞马拉普拉市场 全天供应品种丰富的食物。（见137页）

吉安雅夜市 走走、看看、挑挑拣拣都很有意思。（见141页）

巴厘岛最佳 冲浪场所

听听冲浪者们说什么语言：澳大利亚英语、美国英语、意大利语、荷兰语、日语、巴厘语（是的，巴厘岛当地的冲浪者很多），五花八门。世界各地的人来巴厘岛就是为了冲浪，这一点不足为奇。巴厘岛的冲浪点久负盛名，而且数量众多。乌鲁瓦图附近的冲浪点堪称世界最佳。

WESTEND61 / GETTY IMAGES ©

何处冲浪

海浪来自印度洋，因此冲浪点都位于岛屿南部。但蓝梦岛的冲浪地点在西北海岸，这是因为海水在该岛与巴厘岛海岸之间激荡，形成了适宜的浪型。

在旱季（4月至9月），西海岸的浪是最好的，届时信风会从东南方向刮来，这个季节也是蓝梦岛最好的冲浪时节。在雨季，东海岸杜亚岛周边至巴丹拜都可以冲浪。就算刮北风或者根本没有风，在布科半岛的南部海岸也能找到两三个冲浪点。

注意：最佳冲浪点几乎都在同名的漂亮海滩附近。

要去冲浪点的话，许多人都会租带冲浪板架的摩托车，也有人包一辆带司机、可以携带冲浪板的小汽车。两种选择都很方便。

最佳冲浪点

库塔海滩 巴厘岛最早的冲浪海滩，至今魅力不减。（见42页）

巴都博隆海滩 有细细的沙粒、很多冲浪者和美妙的派对氛围。（见67页）

宾津海滩 这片偏僻的海滩距便宜的冲浪者住处不远，值得你大费周章爬下悬崖前往。（见85页）

双六海滩 游客和当地人的美妙融合。（见43页）

Impossibles 外礁浪型，颇具挑战性。（见88页）

回音海滩 惊涛骇浪，拥有大批观众。（见67页）

乌鲁瓦图 巴厘岛最佳冲浪点，的确令人难以置信。（见87页）

巴朗甘 冲浪点就在咖啡馆遍地的有趣海滩附近。（见88页）

蓝梦岛 君古特巴图海滩附近有3处著名的冲浪点。（见106页）

最佳冲浪学校

Pro Surf School 老牌冲浪学校，冲浪课程适合所有人。（见44页）

Rip Curl School of Surf 庞大冲浪帝国的分店。（见44页）

Surf Goddess 为女性安排冲浪假日。（见54页）

巴厘岛最佳
儿童旅行体验

对孩子来说，巴厘岛是个好去处。岛上能让孩子玩得开心的地方很多，当地人也特别喜欢小家伙们。可以带孩子去玩的地方包括：海滩、几乎所有酒店都配备的泳池、神秘的寺庙、专为孩子而设的游客公园，还可以带他们去看猴子或者进行浮潜等海滩探险活动。

巴厘岛人和孩子

在巴厘岛旅行时，孩子就是你的社交资本，当地人会对小孩子展示出极大的兴趣。你得学会用印度尼西亚语介绍孩子的年龄和性别——bulan（月份）、tahun（年份）、laki-laki（男孩）、perempuan（女孩）等。为了表示礼貌，你也应该问问对方孩子的情况，无论这些孩子是否在场。

JANG14 / SHUTTERSTOCK ©

☑ 独家贴士

▸在海滩上找找卖风筝的摊贩，在海滩放风筝非常有趣。

▸鉴于岛上常有狂犬病发生，务必让孩子远离流浪狗。

最佳玩水场所

Rip Curl School of Surf 高人气冲浪学校，提供面向儿童的课程。（见44页）

Benoa Marine Recreation 水上活动乐趣无穷。（见97页）

沙努尔海滩 海浪轻柔，沙滩洁净。（见101页）

Surya Water Sports 水上运动项目应有尽有。（见102页）

蘑菇湾 蓝梦岛的一处隐蔽海滩，有多种水上运动。（见107页）

最佳游乐园

Canggu Club 新建的水上乐园，有许多水滑梯。（见68页）

泡泡水上乐园 让孩子们玩疯的水上王国。（见43页）

最出人意料的有趣地方

圣猴林保护区 类似《夺宝奇兵》中的寺庙，周围的森林里生活着许多猴子。（见122页）

乌鲁瓦图庙 能看到海景的古代寺庙，是的，也有猴子。（见87页）

JJ Bali Button 数百万漂亮纽扣。（见73页）

巴厘岛风筝节 巨大的风筝在空中呼啸而过。（见102页）

巴厘岛最佳购物

巴厘岛的商店也许会占用你几天的时间。设计师精品店（巴厘岛的时装业非常兴旺）、精美的画廊、批发卖场，还有家庭作坊都是购物的好选择。这里的购物场所毫无规律可循，新的精品店出现，旧的精品店消失，有些店面用于其他用途，还有些则发展成了连锁餐馆。

讨价还价

在巴厘岛购物时，讨价还价是非常有意思的事。可以参考以下步骤：

- 对商品价格要心里有底。
- 先向卖家询问价格。
- 你第一次还价应是卖家报价的三分之一至三分之二。
- 如果你不满意报价，可以转身走人，这时摊贩可能会出个更低的价格。
- 一旦你出了价，你就得承担责任——如果报价被卖家接受，你就必须购买。

DIMA FADEEV / SHUTTERSTOCK ©

独家贴士

- 库塔、雷吉安的大部分商店，以及乌布、水明漾与其他地区美其名曰“艺术市场”的地方，都充斥着大量根本不是产自巴厘岛的伪劣商品。
- 最热卖的纪念品当属阳具形状的开瓶器，讽刺的是，这种造型实际来源于巴厘岛的宗教信仰（在古老的寺庙雕刻中常可看到）。

左图：木雕匠人；上图：乌布的藤编纪念品

最佳服装

Rumble 当地设计的街头品牌。（见130页）

Milo's 源自当地传奇的丝绸珍品。（见60页）

Prisoners of St Petersburg 商品出自巴厘岛最有才华的年轻设计师之手。（见59页）

Bamboo Blonde 衣着保守的女士们改变形象的福音。（见60页）

Thaikila 巴厘岛制作的比基尼，款式透着一丝法国风情。（见61页）

最佳饱眼福商店

JJ Bali Button 老少咸宜，纽扣也方便携带。（见73页）

Ganesha Bookshop 巴厘岛最佳书店，精选读物。（见105页）

巴东市场 巴厘岛最大的中心市场，商品齐全。（见113页）

Theatre Art Gallery 二手和复刻的传统木偶。（见60页）

最佳家庭用品

Hobo 设计巧妙的家居用品，在巴厘岛设计并制造。（见73页）

Bathe 有趣的家居用品，芳香扑鼻。（见72页）

Souq 灵感来自中东，在巴厘岛设计。（见59页）

最佳礼品和纪念品

Threads of Life Indonesian Textile Arts Center 出售巴厘岛传统手工纺织品。（见132页）

Ashitaba 精美的藤编工艺品。（见61页）

Joger 巴厘岛的零售业传奇。（见49页）

UpCycle 废物再利用的寻宝之旅。（见49页）

最佳冲浪商店

Drifter Surf Shop 高端冲浪服饰。（见61页）

Luke Studer 巴厘岛南部知名的冲浪板造型店。（见48页）

Dylan Board Store 著名冲浪手迪伦·隆巴顿为你量身定做冲浪板。（见73页）

Surfer Girl 巴厘岛另一知名冲浪品牌。（见49页）

巴厘岛最佳 LGBT场所

巴厘岛无疑是全球对LGBT群体最宽容的旅行目的地之一，这很大程度上是因为巴厘岛的信仰和人们的包容态度。人们以本来面目示人并受到承认，评判他人则被视为极其粗鲁的行为，另外，这里受男性文化影响有限，男子气概在这里反而极易受到威胁。

LGBT旅行者和巴厘岛人

巴厘岛吸引LGBT旅行者之处颇多，因此很受欢迎。这里有人数众多的外国同性恋社群，其中许多经营着对同性恋友好或是专门面向同性恋的场所。在巴厘岛南部和乌布，除了要记住巴厘岛人都十分腼腆之外，同性恋情侣的顾忌很少。另外，在水明漾的中心区域也有许多对同性恋群体特别友好的夜店。实际上，LGBT旅行者可以去巴厘岛的任何地方。

话虽如此，巴厘岛（以及印度尼西亚）的同性恋旅行者与异性恋群体一样，都要避免公开场合的亲昵行为。

巴厘岛对同性恋群体如此宽容的反作用之一，就是岛上的同性恋专属场所相对较少，但水明漾Jl Abimanyu街道两旁的许多酒吧和夜店多为巴厘岛的同性恋群体聚集地。

最佳LGBT夜生活场所

Bali Joe 极好的变装秀，吸引各类人群，附近还有几家夜店。（见58页）

Bottoms Up 舞蹈、变装秀及其他表演。（见59页）

AGUNG PARAMESWARA / STRINGER / GETTY IMAGES ©

☑ 独家贴士

- 在巴厘岛，同性恋行为并不违法。
- 在印度尼西亚，男同性恋被称为homo或gay，女同性恋被称为lesbi。
- 印度尼西亚的异装癖和变性者群体（waria）处于相当公开的状态。
- GAYa Nusantara（www.gayanusantara.or.id）有个相当实用的网站可供了解当地LGBT群体的问题。
- 巴厘岛的同性恋组织是Gaya Dewata（www.gayadewata.com）。

巴厘岛最佳 节庆

假如你正在水明漾或乌布的一家咖啡馆里抿着咖啡，远处传来一阵加美兰乐曲，车流戛然而止，一群身着盛装的当地人簇拥着堆成小山的水果、饰有流苏的太阳伞和一两只装扮好的毛茸茸的戴面具巴龙（Barong；神话中的狮狗兽）缓缓而来，这就是寺庙的游行队伍了。他们来得突然，去得匆忙，只留下身后一片闪闪发亮的金丝银线和木槿花瓣。这样的游行每天在巴厘岛都有数十次之多。

寺庙庆典

岛上数千座寺庙都有属于自己的周年庆（odalan）。这些节日依据巴厘岛的历法每210天庆祝一次，或依据caka历法（的确令人困扰，有祭司专门计算日子）每354~356天庆祝一次。

最特别的节日

安宁日（Nyepi） 每年最特殊的节日，庆祝方式就是什么都不做——蒙蔽邪灵，让它们以为巴厘岛无人居住，这样它们就会离去。节日前数周，你会看到全岛的当地人以极大的热情制作巨大的纸糊魔鬼（ogoh-ogoh），然后在安宁日前一天晚上把它们付之一炬。这个节日是在3月或4月初。

加隆安（Galungan） 巴厘岛主要节日之一，为期10天，届时所有的神祇都会降世以庆祝传说中的暴君Mayadenawa死去。巴龙舞游行队伍在寺庙和村庄之间舞动前进，浩浩荡荡（许多巴龙舞游行全部由孩童表演），当地人兴高采烈地举行宴会，拜访亲友。

MAZZZUR / GETTY IMAGES ©

☑ 独家贴士

▶可以向当地人打听哪座寺庙举办周年庆，观看庆典也是旅行的一大亮点，特别是主要寺庙举办庆典的时候。外国人可以前往观看，但要守礼低调，衣着得体。

古宁安（Kuningan） 加隆安庆祝活动的高潮是巴厘岛人谢神和送神之时。你会看到岛上各处都在举行大型的寺庙庆典，路上车辆随之停滞不前。干脆放弃自驾，加入庆祝活动吧。巴厘岛人身着一尘不染的白色衣服，举家来到海滩，在海水中求得身体和心灵的净化。

巴厘岛最佳
艺术体验

在旅游业大行其道之前，绘画和雕刻一向是专供寺庙或神龛装饰，并为祭祀仪式增光添彩。如今岛上到处都有画廊和手工艺品作坊，画廊地上堆放着绘画作品，你一不小心就会被石雕或木雕绊倒。粗制滥造的作品很多，不过你还是能发现不少真正的精品。

绘画

巴厘岛的绘画受西方影响颇深。乌布多家艺术博物馆和画廊都陈列着许多精美的绘画作品。它们风格多样，既有色彩鲜艳的抽象作品，也有耐人寻味的岛屿生活写照（有些是高度理想化的）。

手工艺品

巴厘岛是印度尼西亚各地工艺品的展示场。上档次的旅游商店会出售爪哇岛木偶和蜡染，松巴岛、松巴哇岛和弗洛勒斯岛的扎染服装，以及巴厘岛、龙目岛和加里曼丹岛的纺织品和木雕。从传统上来讲，雕刻作品用于寺庙装饰，而巴厘岛人可谓雕刻行家，作品往往展现出他们的幽默感，如举着叶子当伞的青蛙等。

JOHN ELK III / GETTY IMAGES ©

☑ 独家贴士

- 巴厘岛的艺术品和工艺品起源于祈求土地丰饶与纪念水稻女神Dewi Sri。
- 巴杜布兰（Batubulan）位于巴厘岛南部至乌布的主干道旁，是石雕的中心。路边石像林立，在许多工坊里可以看到匠人们雕刻的身影。

最佳博物馆和美术馆

勒迈耶美术馆 巴厘岛最具影响力的画家的故居和作品展示场所。（见101页）

阿贡拉伊艺术馆 位于乌布的优秀私人博物馆。（见123页）

艺术宫博物馆 巴厘岛本土艺术史的出色展示。（见122页）

太平洋博物馆 大型博物馆，藏有巴厘岛及周边地区的艺术珍品。（见95页）

奈卡美术馆 收藏着许多当地著名画家的杰作。（见122页）

巴厘省博物馆 岛上的主要博物馆，收藏有各时期的艺术品。（见111页）

视觉中国提供

艺术宫博物馆中的彩绘面具（见122页）

巴厘岛 当地生活

带你体验原汁原味的巴厘岛

在了解过巴厘岛的顶级体验之后，不妨想想这座迷人岛屿真正的魅力所在。你可以在众多海滩上发现落日之美，在乌布体验文化与纯粹的巴厘岛生活方式。

海滩漫步：巴都贝丽格海滩至回音海滩

（见64页）

- 人迹罕至的海滩
- 与世隔绝的庙宇

最热闹的时候，库塔海滩令你产生误入快闪族（flash mob）领地的错觉，雷吉安（Legian）甚至水明漾（Seminyak）的海滩也是如此。但从巴都贝丽格海滩向北沿着这片看似没有尽头的弧形沙滩前行，你会把巴厘岛的人群全部甩在身后。这段迷人的漫步之旅会带你欣赏寺庙、小小的钓鱼营地、汹涌的海浪、大批冲浪者、美妙的咖啡馆，以及高档海滩文化的真容。

美妙的乌布一日

（见118页）

- 诱人的购物体验
- 排出身体毒素

乌布体现了巴厘岛的创造力和文化，但也有更为关注内心世界的一面。沿着这条漫步路线，你可以让身体排净毒素、充分吸收养分、得到精心护理，让一切变得圆满并感受巴厘岛的舞蹈文化。实际上，还好乌布拥有如此之多的美妙咖啡馆，不然的话，你真的会只顾沿小巷漫步，而忘了停下来歇歇脚。

回音海滩（见67页）

传统黎弓舞舞者

像当地人一样感受巴厘岛，你还可以去：

博诺阿的宗教场所（见96页）

雷吉安海滩的日落小酌（见48页）

达勒姆斯丹庙（见138页）

水明漾购物（见60页）

沙努尔的海滨步行道（见103页）

克罗博坎最受欢迎的小吃摊（见70页）

回音海滩饮酒休闲（见72页）

陶瓷展示场（见80页）

Amo beauty Spa（见69页）

巴厘岛
每日行程

第一天

在巴厘岛的旅游核心区，先到**Pro Surf School**（见44页）学冲浪，驾驭那里安稳的海浪，或者在克罗博坎的**Jiwa Bikram**（见68页）学瑜伽。当然，你也可以在**Bodyworks**（见54页）和**Jari Menari**（见53页）等著名的水明漾水疗场所享受身体护理。无论如何，都要在水明漾的**Sisterfields**（见54页）或**Corner House**（见56页）吃早饭。

烈日当空时，去**库塔海滩**（见42页）、**双六海滩**（见43页）或者水明漾的**Souq**（见59页）、**Prisoners of St Petersburg**（见59页）、**Drifter Surf Shop**（见61页）等商店逛逛，以躲避灼热的阳光。再学当地人去**Warung Sulawesi**（见70页）或**Warung Eny**（见70页）吃午饭。

不要错过在岛屿西部边喝饮品边赏夕阳。在**雷吉安海滩**（见42页）从摊贩处买瓶啤酒，也可以去更高端的**Potato Head**（见71页）。晚餐可以去克罗博坎：**Sardine**（见70页）的经典菜肴或者**One Eyed Jack**（见69页）的拼盘都不错，再去巴厘岛最好的意式冰激凌店**Gusto Gelato & Coffee**（见70页）吃些甜品。夜生活可以去体验整夜的派对，就从**Sky Garden Lounge**（见48页）开始吧。

第二天

今天来深入体会巴厘岛的文化传统和火山。你可以提早动身，赶在所有人之前到达**巴都考庙**（见74页），这是一座位于同名火山山坡上的神庙。之后，驻足观赏贾蒂卢维的稻田，再驾车向东经过青翠的崎岖山路到乌布。

上午体验过巴厘岛的文化之后，在**Moksa**（见127页）吃顿健康的午餐，或者在**Warung Teges**（见127页）品尝更传统的菜肴。下午去**Yoga Barn**（见119页）或**Taksu Spa**（见124页）享受宁静，也可以徒步穿越乌布的稻田。

在乌布观看传统舞蹈表演是巴厘岛之行不可或缺的一环。选择适合自己口味的舞蹈表演，欣赏舞者们伴着刺耳的加美兰音乐表演着动作缜密的舞蹈。**Locavore**（见126页）或Jl Dewi Sita两旁众多的美食餐馆都是不错的晚餐选择。在山区凉爽的空气中很容易入睡，就让此起彼伏的虫鸣伴你进入梦乡。

没时间?

我们将巴厘岛的所有必游看点融入这些按天规划的行程之中，确保你能在有限的时间内看到巴厘岛最美的一面。

第三天

以沙努尔为枢纽，趁着登巴萨的**巴东市场**（见113页）和**昆巴萨里市场**（见113页）的商品最新鲜时去逛一逛。再去**沙努尔海滩**（见101页）放松一下，比如在平静的海水中游泳。

午餐时去**Char Ming**（见103页）吃新鲜的海鲜烧烤，或在海滩公路沿线找个类似Merta Sari的餐馆，之后转向塞德曼公路沿线的稻田和青翠的群山。运气好的话，你可以看到巴厘岛最重要的火山——常年云雾笼罩的阿贡火山。向南到塞马拉普拉和历史上一度占据重要地位的**司法大厅**（见138页）。

回到沙努尔，在**Jamu Traditional Spa**（见44页）或**Glo Day Spa & Salon**（见103页）享受水疗，再去Jl Tamblingan的**A-Krea**（见105页）逛逛巴厘岛本土设计的商品，去**Ganesha Bookshop**（见105页）翻翻店家推荐的读物。晚餐时去**Warung Pantai Indah**（见103页）或**Byrdhouse Beach Club**（见104页）等沙滩餐馆，或者在更为高端的**Three Monkeys Cafe**（见103页）享用美食。

第四天

这一天，在机场以南布局紧凑但奇景无限的布科半岛盘桓。早晨一定要去一趟**金巴兰鱼市**（见79页），或者在著名的**Bumbu Bali Cooking School**（见95页）学学怎样烹饪巴厘岛菜肴。之后，在适合家庭的**Benoa Marine Recreation**（见97页）玩水，也可以在乌鲁瓦图海滩处久负盛誉的冲浪点一显身手。

在树木掩映的**太平洋博物馆**（见95页）瞻仰优美的巴厘岛艺术品，也可以在**巴朗甘**（见88页）、**宾津**（见85页）或**帕当帕当**（见85页）感受小海湾的魅力。以上海滩都有咖啡馆，以及适合游泳的海水。

随着落日的余晖洒满西海岸，你可以在金巴兰三处香气扑鼻的海鲜小吃摊聚集区徜徉，找出自己的心仪之所大快朵颐，或者边喝杯饮品边欣赏夕阳美景；也可以去**乌鲁瓦图庙**（见87页）观看日落和随后的**舞蹈表演**（见91页）。想品尝最可口地道的巴厘岛菜肴，不妨考虑去**Bumbu Bali**（见96页）。

行前参考

更多信息，
见147页生存指南。

货币
印尼卢比（Rupiah，简称Rp）。¥1≈1955Rp

语言
印度尼西亚语和巴厘语

签证
中国公民赴巴厘岛旅行可享受免签证政策，停留期不超过30天。

现金
自动柜员机很普遍，兑换货币也很方便。较高档的商家接受信用卡。游客光顾较多的商场、餐饮、酒店等地可使用银联卡。

手机
当地的SIM卡很便宜（不含话费5000Rp起），而且到处有售。巴厘岛使用3G及更快的网络。任何现代手机都可以使用。中国移动、中国联通和中国电信都支持开通国际漫游。

时间
印度尼西亚中部时间（GMT/UTC+8小时），和北京时间没有时差。

小费
在巴厘岛，按账单金额的一定比例支付小费并非惯例，但如果服务确实不错，你可以给5000Rp、账单金额的10%或更多小费。

① 出发前

每日预算

经济：低于US$80
- 客栈或家庭寄宿房间：低于US$50
- 便宜的餐饮，正餐低于US$5
- 海滩：免费

中档：US$80~250
- 中档酒店房间：US$50~150
- 不错的夜间餐饮体验：US$20起
- 水疗：US$10~40

高档：高于US$250
- 高级酒店或度假村房间：US$150以上
- 豪华晚餐：US$40以上
- 每天包车和司机的费用：US$60

网络资源

Bali Advertiser（www.baliadvertiser.biz）面向巴厘岛外国侨民的杂志，提供行家的建议和不错的专栏文章。

Bali Discovery（www.balidiscovery.com）有出色的每周新闻摘要及专题报道，还有酒店优惠信息。

Lonely Planet（www.lonelyplanet.com/bali）目的地信息、酒店预订、旅行者论坛及其他。

提前计划

3个月前 预订旺季客房。

1个月前 预订平季客房。

1周前 预订旺季的顶级餐厅和水疗。

② 抵达巴厘岛

多数旅行者均乘飞机到达努拉·莱伊国际机场(Ngurah Rai International Airport, DPS)。从机场出发的主要交通工具可以通过酒店或别墅预先安排,也可以乘坐预先付费的出租车。

从机场出发

目的地	出租车费用
库塔	80,000Rp
水明漾	130,000Rp
乌布	300,000Rp

在机场

巴厘岛努拉·莱伊国际机场(在旅行网站上标注为登巴萨或巴厘岛机场)的航站楼规划很差,令人失望。抵达区有自动柜员机和货币兑换处。接受海关检查和办理入境手续都得排长队。通过住宿预订服务订到的酒店可能在交通非常不方便的地方。

③ 当地交通

在当地最好拥有自己的交通工具,无论是自驾、包车还是租自行车,这样你就可以无拘无束地探索以其他方式无法到达的地方。

出租车

巴厘岛南部的出租车费用便宜、随处可见,而且很容易就可以打到。一定要坚持打表,虽然多数司机在日间都会使用计价器。Bluebird出租车最可靠。

包车

这是非常普遍的长途旅行和全天游览的交通方式,可以通过酒店安排,费用为每天US$50~60。

步行

这是探索库塔—雷吉安—水明漾、杜亚岛—南湾以及沙努尔和乌布等地的最佳方式(通常有宜人的海滨步行道)。

小汽车

街边的摊贩往往就能安排租车。费用不高,适合探险,但受制于巴厘岛的交通状况,而且很容易迷路。租用小型四驱车的费用每天约为US$40。

摩托车

这种方式费用低廉,便于安排,如果你胆子够大,可以在车流中穿梭,不过这样非常危险。租车费用每天最低只需US$5。

旅游巴士

巴士既经济又舒适。空调巴士票价便宜,但运营范围有限,仅覆盖库塔—沙努尔—乌布—巴丹拜。

自行车

人们越来越喜欢骑自行车(sepeda)在岛上观光,多数游客骑自行车游览城镇周边或进行一日游。

巴厘岛
区域速览

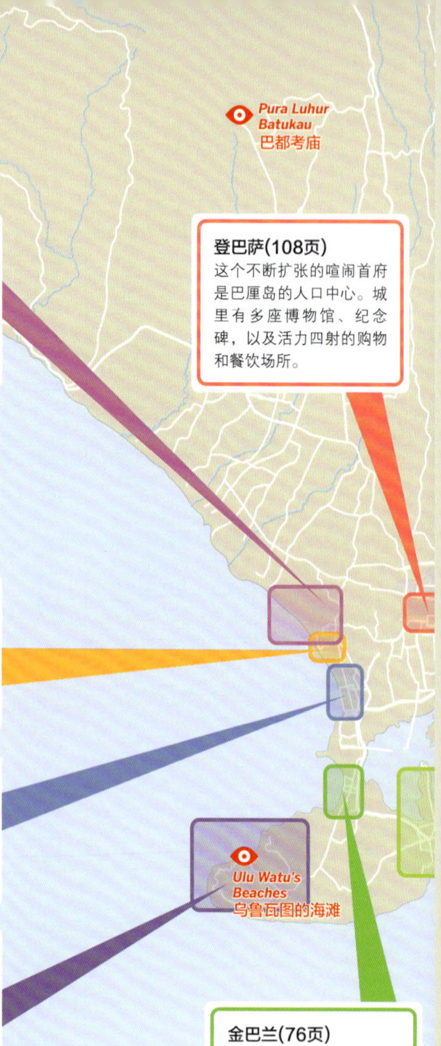

克罗博坎和长谷(62页)
别墅、冲浪者客栈与片片稻田和高级餐厅相映成趣。海滩或安静，或时髦，海浪比南边地区的更为汹涌。

登巴萨(108页)
这个不断扩张的喧闹首府是巴厘岛的人口中心。城里有多座博物馆、纪念碑，以及活力四射的购物和餐饮场所。

水明漾(50页)
街道两旁分布着设计师精品店和各种商店，优质餐厅层出不穷，海滩更是近在咫尺。

库塔和雷吉安(38页)
巴厘岛喧嚣的大众旅游中心，喋喋不休的商贩和让人大汗淋漓的夜店都挤在这片传奇的海滩上。

乌鲁瓦图及周边(82页)
小巧的白沙海滩隐藏在悬崖下的海湾里。竹屋咖啡馆为冲浪者及其粉丝提供服务。

顶级体验

乌鲁瓦图的海滩

金巴兰(76页)
一处低调的海湾和海滩，有名的鱼市和海滩上几十家海鲜烧烤店最热闹。

乌布(114页)
巴厘岛的文化中心，创意精品店、水疗中心和文化表演云集于此，魅力非凡。

顶级体验

乌布的稻田

沙努尔(98页)
巴厘岛的风俗和日益繁盛的外籍群体相互融合。这里安静的海滩比库塔更适合携家出游的旅行者。

巴厘岛东部(134页)
位于巴厘岛最重要的火山——阿贡火山脚下，可以在此尽情享受黑沙海滩、历史景点和不可思议的绿色景致。

杜亚岛和南湾(92页)
杜亚岛正对着一片珊瑚礁拱卫的海滩，岛上封闭式顶级度假村云集，而南湾则迎合了更多的中等消费群体。

值得一游

顶级体验

- 巴都考庙(74页)
- 蓝梦岛(106页)
- 特拉旺干岛(142页)

MAGIC INK
TATTOO
Ubud Ceramics & Woodcraft
Wholesale & Retail
UBUD
CERAMICS
Ubud Ceramics & Woodcraft
Wholesale & Retail

探索
巴厘岛

乌布Jl Dewi Sita街边的工艺品商店
MANFRED GOTTSCHALK / GETTY IMAGES ©

探 索

库塔和雷吉安

这里是巴厘岛最初的旅游中心，一个令人由爱生恨或爱到不能自拔的地方。其实，拥挤、癫狂、迷乱、狂野、喧嚣，这些都不足以描述库塔和雷吉安。库塔是巴厘岛的魅力之源，这里小巷狭长，摊贩、花里胡哨的酒吧、廉价酒店和整晚营业的夜店随处可见；雷吉安与之大同小异，不过游客群体要年长一些。

一日游行程

巴厘岛的海浪一贯可靠安全，不妨在**Pro Surf School**（见44页）或**Rip Curl School of Surf**（见44页）等出名的冲浪学校学习冲浪，开始一天的行程。两三个小时的弄潮之后，加入睡懒觉和整晚泡夜店的人群，早些吃午饭。雷吉安的北端有不错的选择：可以试试**Warung Asia**（见47页）或**Warung Murah**（见46页）。

到了下午，如果不想在酒店的泳池旁打发时光，可以前往**库塔海滩**（见42页）、**雷吉安海滩**（见42页）或**双六海滩**（见43页）享受真正的海滩乐趣；也可以待在室内，在**Jamu Traditional Spa**（见44页）通过水疗恢复精神。黄昏时一定要去优美的雷吉安海滩，在小贩处买些饮品，一边畅饮，一边欣赏日落景色。

在**Poppies Restaurant**（见44页）享用精致的巴厘岛美食，或者去**Fat Chow**（见45页）品尝亚洲创意菜肴。现在，做好整晚派对赶场的准备，大批人群正是为此蜂拥至库塔。要先了解各酒吧的欢乐时光酒水优惠时间，然后随着人群在众多夜店间徜徉吧。可以将**Sky Garden Lounge**（见48页）作为主要据点，从此处前往周边的场所非常方便。

巴厘岛最佳

身体护理

Jamu Traditional Spa（见44页）

饮品和夜生活

Sky Garden Lounge（见48页）

Double-Six Rooftop（见47页）

冲浪

库塔海滩（见42页）

双六海滩（见43页）

Pro Surf School（见44页）

Rip Curl School of Surf（见44页）

儿童旅行体验

Rip Curl School of Surf（见44页）

泡泡水上乐园（见43页）

购物

Surfer Girl（见49页）

Joger（见49页）

UpCycle（见49页）

Luke Studer（见48页）

到达和离开

出租车 机场就在库塔以南，搭乘出租车的费用为40,000~60,000Rp。

步行 仅凭步行就可以轻松走遍库塔和雷吉安。海滩最宜人，Jl Legian街上则满是纠缠不休的摊贩。

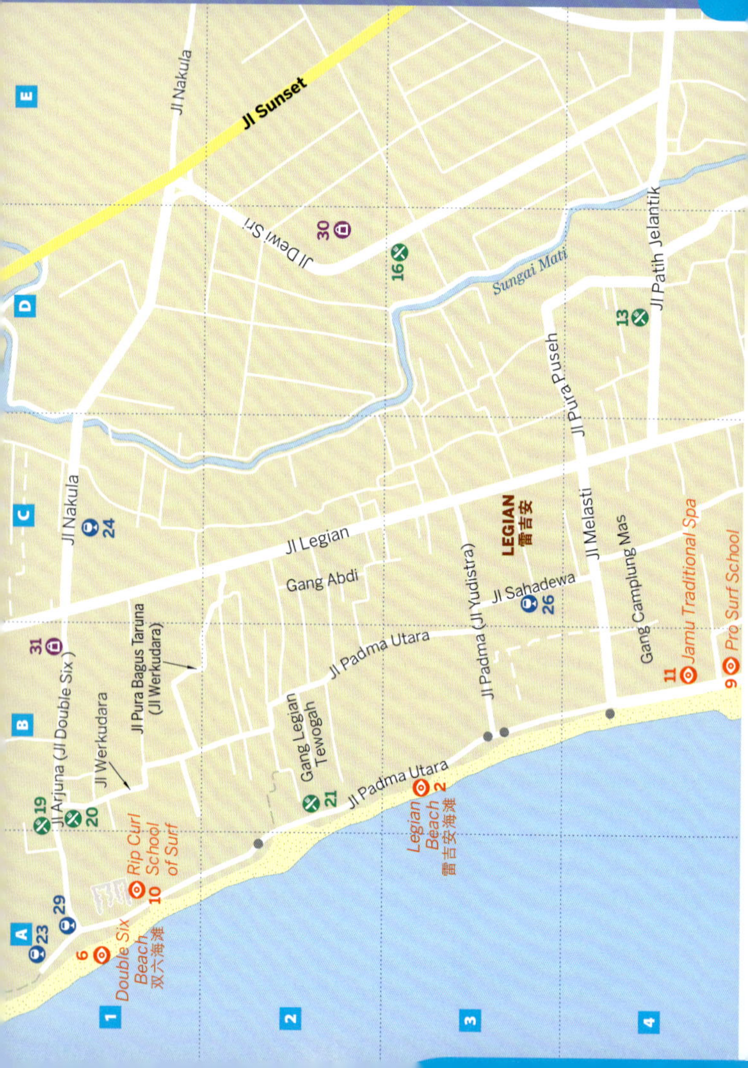

A
B
C
D
E
1
2
3
4
Jl Sunset
Jl Nakula
Jl Dewi Sri
Sungai Mati
Jl Patih Jelantik
Jl Pura Puseh
Jl Legian
Gang Abdi
LEGIAN
雷吉安
Jl Melasti
Gang Camplung Mas
Jl Sahadewa
Jl Padma (Jl Yudistra)
Jl Padma Utara
Jl Pura Bagus Taruna
(Jl Werkudara)
Jl Arjuna (Jl Double Six)
Jl Werkudara
Gang Legian
Tewogah
Rip Curl
School
of Surf
Double Six
Beach
双六海滩
Legian
Beach
雷吉安海滩
Jamu Traditional Spa
Pro Surf School
6
10
2
11
9
13
16
19
20
21
23
24
26
29
30
31

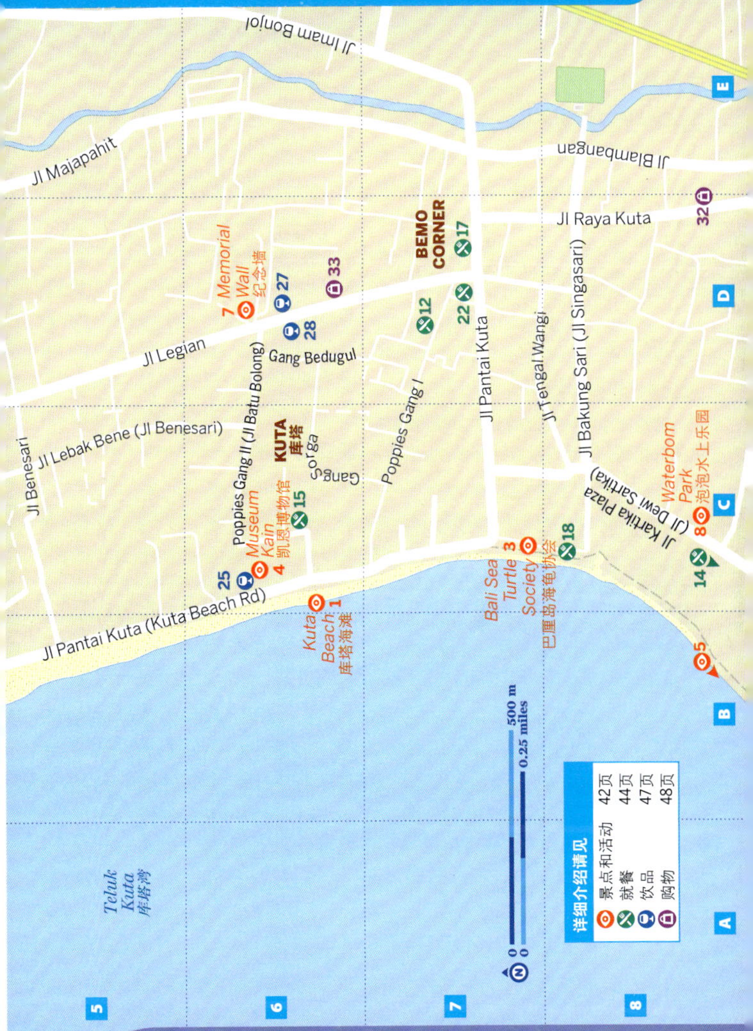
Jl Imam Bonjol
Jl Majapahit
Jl Blambangan
Jl Raya Kuta
BEMO CORNER
17
7 Memorial Wall 纪念墙
27
33
28
Jl Legian
Gang Bedugul
12
22
Jl Pantai Kuta
Jl Tengal Wangi
Jl Bakung Sari (Jl Singasari)
32
Jl Benesari
Jl Lebak Bene (Jl Benesari)
Poppies Gang II (Jl Batu Bolong)
KUTA 库塔
Gang Sorga
Poppies Gang I
4 Museum Kain 凯恩博物馆
15
25
Jl Pantai Kuta (Kuta Beach Rd)
1 Kuta Beach 库塔海滩
3 Bali Sea Turtle Society 巴厘岛海龟协会
18
Jl Kartika Plaza (Jl Dewi Sartika)
8 Waterbom Park 泡泡水上乐园
14
5
Teluk Kuta 库塔湾
0 500 m
0 0.25 miles
详细介绍请见
景点和活动 42页
就餐 44页
饮品 47页
购物 48页
A B C D E
5 6 7 8

景点和活动

库塔海滩　海滩

1 见40页地图，C6

不用说，巴厘岛的旅游业正是起源于此。不缠人的小贩会向你兜售软饮料和啤酒、零食等，你还可以租用冲浪板、躺椅和遮阳伞（10,000~20,000Rp，可以讨价还价），也可以直接躺在沙滩上。这里的落日无与伦比。（Kuta Beach）

雷吉安海滩　海滩

2 见40页地图，B3

这是库塔海滩向北的延伸，没有挨着热闹的街道，因此人没有那么多，也稍微安静些。（Legian Beach）

独家贴士

库塔的著名海滩

库塔以海滩闻名，沙滩从图班（Tuban）向北至库塔和雷吉安，再延伸至水明漾和回音海滩，全长超过12公里，沿线都适合冲浪、按摩、嬉戏、休闲、饮酒等各种活动。每逢日落时分，巴厘岛南部的各色人等都会汇集在海滩上。如果天公作美，你还可以欣赏到霞光万丈的壮观景象，那比焰火表演更加绚烂。

巴厘岛海龟协会　孵化所

3 见40页地图，C7

这里是巴厘岛最可靠的海龟孵化所之一。4月至10月每天16:30左右，你可以在库塔海滩帮助新孵化出的海龟重新回到大海的怀抱。放归活动的主办者是巴厘岛海龟协会，这是一个从事丽龟保护事业的组织。你可以加入等候的队伍，领取小塑料盆里的海龟宝宝，付一小笔捐款，然后加入放归的队伍。几处标牌上有详细的背景信息。（Bali Sea Turtle Society；www.baliseaturtle.org；Kuta Beach；⌚场地24小时，4月至10月16:30）

凯恩博物馆　博物馆

4 见40页地图，C6

这个复合建筑中有空调，位于库塔海滩中心，就在Beachwalk商场楼上，是一处出人意料的高雅文化殿堂，主打当地纺织品，展品包括漂亮的蜡染织物。你可以在此了解蜡染工艺，有时还有机会亲自体验。互动展屏可供详细了解图案与花式。（Museum Kain；☎0361-846 5568；www.museumkain.org；Jl Pantai Kuta，Beachwalk；成人/儿童100,000/50,000Rp；⌚周二至周日10:00~20:00）

帕特雷亚沙海滩　海滩

5 见40页地图，B8

沿着机场北端的小路走，即可到达这处隐蔽的美妙沙滩。这里可以看到飞

泡泡水上乐园

机降落，游客很少。从这里向北，沿着美丽的**海滩步行路**走，可以到达库塔海滩。（Pantai Patra Jasa）

双六海滩

海滩

6 见40页地图，A1

从雷吉安向北走，人会越来越少，直至备受欢迎的双六海滩，人才会又多起来。这里整天都有人踢足球和打排球。暴雨过后要留意水污染。（Double Six Beach）

纪念墙

纪念碑

7 见40页地图，D6

纪念墙为纪念2002年爆炸案而修建，墙上铭刻了202位遇难者的姓名，其中包括88位澳大利亚人和35位印度尼西亚人，墙面已经开始褪色。街对面的停车场是被炸毁的Sari Club仅存的一切。（Memorial Wall；Jl Legian）

泡泡水上乐园

水上乐园

8 见40页地图，C8

这个水上乐园位于热带景观花园之中，有各种各样的水上滑梯（共22个，其中包括Climax）、游泳池、模拟冲浪区和一条“懒人河”。其他休闲场所包括美食广场、酒吧和水疗中心。（Waterbom Park；☎0361-755676；www.waterbombali.com; Jl Kartika Plaza; 成人/儿童 520,000/370,000Rp; ⏲9:00~18:00)

Pro Surf School
冲浪

9 见40页地图，B4

这家有口皆碑的冲浪学校就在库塔海滩边上，多年来，它让许多初学者成功在海浪中站立。这里可提供各个级别的冲浪课程，并出租冲浪装备和冲浪板。学校还有泳池和美妙的咖啡馆。(☎0361-751200; www.prosurfschool.com; Jl Pantai Kuta; 课程每天675,000Rp起)

Rip Curl School of Surf
冲浪

10 见40页地图，A1

学校里开设各级别冲浪课程，还有专门面向儿童的特别课程。这所学校在沙努尔还设有风筝冲浪、风帆冲浪和立式单桨冲浪(SUP)培训班。(☎0361-735858; www.ripcurlschoolofsurf.com; Jl Arjuna; 课程700,000Rp起)

Jamu Traditional Spa
水疗

11 见40页地图，B4

这家水疗馆位于幽静的度假酒店中，如果你想让自己成为什锦水果鸡尾酒的一部分，那就来对地方了——特色水疗包括热带果仁、椰子、木瓜等，通常和香氛浴一起进行。(☎0361-752520, 165; www.jamutraditionalspa.com; Jl Pantai Kuta, Alam Kul Kul; 按摩1小时350,000Rp起; ⏲9:00~19:00)

就餐

Poppies Restaurant
印度尼西亚菜 $$

12 见40页地图，D7

Poppies是库塔首批餐厅之一(Poppies Gang I路就是以它命名的)。优雅的花园就餐环境以及高端的巴厘岛菜肴、西餐和泰餐都广受青睐。精选印尼菜配米饭(rijstaffel)和海鲜非常受欢迎。(☎0361-751059; www.poppiesbali.com; Poppies Gang I; 主菜40,000~130,000Rp; ⏲8:00~23:00; 📶)

Take
日本菜 $$

13 见40页地图，D4

弯腰钻过这家不断扩张的餐馆的门帘，你就从巴厘岛穿越到了休闲版的东京。这里有极其新鲜的寿司、刺身，还有各种日本菜，都是由长柜台后面专业的厨师团队制作的。每天一大早，主厨都会到金巴兰(Jimbaran)鱼市里采购食材。(☎0361-759745; Jl Patih Jelantik; 餐70,000~300,000Rp; ⏲11:00至午夜; 📶)

Pisgor
印度尼西亚菜 $

14 见40页地图，C8

在机场附近的这家狭窄铺面里，滋滋作响的炸锅中不断飘来各种香味。炸香蕉(pisang goreng)不可错过，你还可以品尝更多独家秘制的食物，如蔬菜糕(ote-ote)。建议点一份什锦全家福，就着生辣椒下肚。(Jl Dewi Sartika; 小吃2000Rp

起；⏲10:00~22:00）

Fat Chow

亚洲菜 $$

15 见40页地图，C6

这家时尚而现代的餐厅有传统临街咖啡馆的外观，供应各种亚洲风味美食，可以选择在长长的野餐桌、小饭桌和休闲椅上用餐。菜肴充满创意，最受欢迎的有：爽口亚洲沙拉、叉烧包、东京大虾以及正宗泰式炒河粉。（☎0361-753516；www.fatchowbali.com；Poppies Gang II；主菜60,000Rp起；⏲9:00~23:00；📶）

Wooyoo

冰激凌 $

16 见40页地图，D3

在热带地区，还有什么比冰激凌更美

了解当地

巴厘岛爆炸案

2002年10月12日周六，两颗炸弹在库塔熙熙攘攘的街道Jl Legian相继爆炸。第一颗炸毁了Paddy's Bar的前部，几秒钟过后，另外一颗威力大得多的炸弹将Sari Club夷为平地。

死亡人数（包括失踪人数）超过200人，不过人们也许永远都不会知道确切的遇难人数。许多受伤的巴厘岛人返回了他们的村庄，由于缺乏适当的医疗救治而在家中死去。

印度尼西亚当局最终把爆炸归罪于一个伊斯兰激进组织——伊斯兰祈祷团（Jemaah Islamiyah）。数十人因此被捕，许多人被判入狱，其中3人被判处死刑。但是大多数人获罪较轻，其中包括一名激进的神职人员阿布·巴卡尔·巴希尔（Abu Bakar Bashir），很多人认为，他就是爆炸案的幕后主使。印度尼西亚最高法院于2006年推翻了对他策划爆炸案的指控，令巴厘岛和澳大利亚的许多人非常愤怒（2011年，因一起新的恐怖袭击指控，他被判再次入狱15年）。

2005年10月1日，三名自杀式爆炸袭击者引爆了身上的炸弹，其中一名在库塔广场（Kuta Square）的餐馆内，另外两名在金巴兰海滩的咖啡馆内。这同样是伊斯兰祈祷团所为。虽然后来获得的文件表明，攻击是针对旅行者的，但是在遇难的20人中，有15名是遇袭场所的巴厘岛和爪哇岛的员工。

涉嫌制造2002年巴厘岛爆炸案所用炸弹的乌马尔·帕特克（Umar Patek）在2012年被定罪，被判入狱20年。然而威胁依然存在：警方于2012年在巴厘岛击毙了5名恐怖分子嫌疑人，在2016年又实施了数次针对恐怖活动嫌疑人的抓捕行动。

纪念墙（见43页）

妙呢？这里的软冰激凌以丰富的奶油旋涡闻名。可以享用杯装冰激凌、蛋卷冰激凌或者甜甜的"蜗牛"面包。撒料包括甜爆米花、巧克力屑和西班牙小油条。就餐区域让人感觉身处森林。（Jl Dewi Sri 18F；小吃 20,000Rp起；⏰10:00~22:00）

Bemo Corner Coffee Shop

咖啡馆 $

17 见40页地图，D7

这个怡人的开放式小店紧邻喧嚣的Jl Legian，犹如一片迷人的绿洲，提供可口的咖啡饮品、冰沙和简单的小吃，如三明治和配有大份鸡蛋、培根、香肠的传统早餐。（☎0361-755305；www.facebook.com/bemocappucino；Jl Pantai Kuta 10A；主菜 40,000Rp起；⏰8:00~21:00）

Ajeg Warung

巴厘菜 $

18 见40页地图，C8

这是库塔海滩上的一家简单食肆，餐桌摆在树荫下，就餐时可以观赏冲浪。菜单上包括最新鲜的当地菜肴。从Jl Pantai Kuta街向北转的地方进入海滩，沿着海滨小路向南步行100米即到。（☎0822 3777 6766；Kuta Beach；主菜 20,000Rp起；⏰8:00~22:00）

Warung Murah

印度尼西亚菜 $

19 见40页地图，B1

在这家地道的海鲜排档吃午餐是顺理成章的事情。这里有各种烤鱼任你挑选。如果你偏爱飞禽胜过海鲜，那么来一份沙嗲鸡块（sate ayam）吧，绝对鲜美多汁，而且经济实惠。午餐时段客人会爆满。一定要试试这里的参巴酱。（☎0361-732082; Jl Arjuna; 餐 20,000~35,000Rp; ⏲8:00~23:00）

Warung Asia
亚洲菜 $

20 见40页地图，B1

这家高人气的大排档位于楼上，侍者非常友好，供应本地经典美食和泰国风味。夜间有许多人来喝酒，会很喧闹。（☎0361-742 0202; Jl Werkudara; 主菜 35,000Rp起; ⏲11:00至深夜; 📶）

Mozzarella
意大利菜、海鲜 $$

21 见40页地图，B2

这里是雷吉安步行区的最佳海滨餐厅，供应更正宗的意大利美食。店里的服务热情周到，有各种露天区可供月光下就餐；另有一个有遮挡的室内餐厅，适宜在用早餐时享受海滨宁静。（☎0361-751654; www.mozzarella-resto.com; Jl Padma Utara; 主菜 70,000~200,000Rp; ⏲7:00~23:00; 📶）

Made's Warung
印度尼西亚菜 $$

22 见40页地图，D7

这里是库塔首批游客大排档之一，根据西方口味改良的印度尼西亚菜式被许多餐馆效仿。开放式店面供应米饭配菜（nasi campur）等经典菜肴，令人回想起当年用煤油灯照明的库塔。（☎0361-755297; www.madeswarung.com; Jl Pantai Kuta; 主菜 40,000Rp起; ⏲8:00~23:00）

饮品

Double-Six Rooftop
酒吧

23 见40页地图，A1

这家引人注目的酒吧位于Double-Six酒店的楼上，有温馨的休息室，你能看见鲨鱼在墙边的水族箱里游来游去。这里还有提基火把，很容易让人感觉像是邦德电影中反派人物的老巢。在圆形沙发上能看到无与伦比的落日美景，最低消费需1,000,000Rp，但可以包括食物的消费金额，适合组团前往。饮品价格不菲。（☎0361-734300; www.doublesixrooftop.com; Double Six Beach 66; ⏲15:00~23:00; 📶）

Jenja
夜店

24 见40页地图，C1

这家时尚又高端的夜店位于TS Suites酒店内，分为数层，DJ播放迪斯科、R&B、放克、灵魂、铁克诺等各种音乐。顾客既有本地有钱人，也有外国人。餐厅供应可以分享的高价菜肴。（☎0361-882 7711; www.jenjabali.com; TS Suites, Jl Nakula 18; ⏲周三至周六 21:00至次日4:00）

Velvet
酒吧

25 见40页地图，C6

这个大型露台酒吧和咖啡馆拥有美妙绝伦的落日美景，就在Beachwalk商场靠近沙滩的一头。周三至周日22:00后，这里都会摇身变为一家夜店。(☎0361-846 4928; www.vhbali.com; Jl Pantai Kuta, Beachwalk, level 3; ⏰11:00至深夜)

Bali Beach Shack
酒吧

26 见40页地图, C3

这里是极好的露天酒吧,每晚都有大批人群到此欣赏现场音乐和欢快的变装表演。现场音乐的风格从流行到乡村不等。(☎0819 3622 2010; www.balibeachshack.com; Jl Sahadewa; ⏰周二至周日 15:00~23:00)

Sky Garden Lounge
夜店

27 见40页地图, D6

这是一座刺激的多层宫殿,站在顶层的酒吧居高临下,能将库塔尽收眼底。不妨来看看顶级的DJ、底层的咖啡馆,还有所谓的狗仔队。这里堪称库塔最具代表性的夜店,每小时都有特价饮品。(www.skygardenbali.com; Jl Legian 61; ⏰24小时)

Engine Room
夜店

28 见40页地图, D6

这家花哨的夜店面朝大街,有热辣的舞者在笼中起舞招揽生意。随着夜色深沉,几乎每个人都开始手舞足蹈,身上的衣服也越来越少。这是一个狂野的派对,有4处场地可供享乐与欣赏嘻哈、trap、饶舌音乐。(www.engineroombali.com; Jl Legian 89; ⏰16:00至次日4:00)

Cocoon
夜店

29 见40页地图, A1

这家高级夜店有一个能观赏双六海滩风景的巨大游泳池,而且随时都有精彩的派对和活动——禁止穿着有酒类品牌标志的背心入内!晚上DJ们都会在泳池周围打碟,进行一场主题狂欢之夜。(☎0361-731266; www.cocoon-beach.com; Jl Arjuna; ⏰10:00至深夜)

当地生活

日落小酌

巴厘岛的日落通常呈现出让人叹为观止的红色、橙色和紫色。手持一瓶冰爽的啤酒,在落日余晖下伴着涛声小酌一番,是每天18:00在海滩上开展的最受欢迎的活动。有商业头脑的本地青年人在沙滩上提供塑料凳以及便宜的冰镇Bintang啤酒(20,000Rp)。

在库塔,可以前往海滩南端的步行街;在雷吉安,最佳地点是从Jl Padma以北至Jl Pantai Arjuna南端的沙滩地带。

购物

Luke Studer
体育和户外用品

30 见40页地图, D2

这家冲浪商店既大又时尚,具有传奇色彩的冲浪板造型高手Luke Studer就在这里工作。这里提供短板、复古鱼

了解当地

派对狂欢

巴厘岛最出名的夜店云集于Sky Garden Lounge周边300米范围内。喝酒和逛夜店的界限在这里变得模糊，随着夜晚来临（或者凌晨到来），二者相互交融。多数酒吧都不收入场费，而且都会推出特价饮品以及“欢乐时光”酒水折扣时间，一直到午夜时分。机灵的派对老手会紧随各个酒吧俱乐部的特饮时段，从一个地方转战另一个地方，整晚都可以享受折扣。不妨留意打折饮品券的广告宣传单。

巴厘岛的夜店种类多样，从冲浪者喜欢的轻松氛围，到场地气派、有长长的酒水单和侍者往返穿梭的夜场等，不一而足。库塔地区夜店中的性工作者数量也在激增。

板、单舵板、经典长板，你可以选择陈列商品，也可以量身定制。（☎0361-894 7425；www.studersurfboards.com；Jl Dewi Sri 7A；⏲9:00~20:00）

UpCycle
设计商店

31 见40页地图，B1

在这家店探索，就像是体验了一场寻宝之旅。店内销售由旧黑胶唱片、饮料罐、饼干包装袋等制作成的钱包、提包、手链等日常用品，这些商品都是由印度尼西亚的村民制作的。（☎0813 9674 9986；www.navehmilo.com；Jl Arjuna；⏲10:00~22:00）

Jogerr
礼品和纪念品

32 见40页地图，D8

这家最具人气的商店位于南部，是巴厘岛零售业的传奇。人们蜂拥而至，购买大眼睛的可爱塑料小狗，或者在上千件T恤中挑挑拣拣。店前的标志上写着的Pabrik Kata-Kata实际上就是“文字工厂”的意思。注意：店面局促，购物环境简直疯狂。

我们去的时候，分别用英语、汉语、印度尼西亚语印着三行“我爱你”的T恤最畅销。（☎0361-752523；Jl Raya Kuta；⏲10:00~20:00）

Surfer Girl
服装

33 见40页地图，D6

这家店是本地的一个传奇，庞大的店面适合各年龄段的女士，讨喜的标识说明了一切。店内有服装、装备、比基尼和五颜六色的各种商品。（☎0361-752693；www.surfer-girl.com；Jl Legian 138；⏲9:30~23:00）

探索

水明漾

一提到设计师或者设计行业，人们就会想到水明漾。巴厘岛上最时髦的商店尽在此地，另有数十家顶级餐厅，它们或有随意闲适的气氛，或是个性十足的户外休闲酒吧兼夜店。海滩旁林立着若干世界级酒店，海滩本身宽阔、美好，堪比库塔，不过没有库塔那样人满为患。水明漾就在库塔和雷吉安以北，但给人一种身在另一岛屿的感觉。

一日游行程

可在**Sisterfields**（见54页）或**Corner House**（见56页）悠闲地享用丰盛的早餐，再去水明漾的**Prana**（见54页）或**Jari Menari**（见53页）等众多水疗场所中放松身体，做好忙碌一天的准备。然后漫步到**水明漾海滩**（见53页；见左图），感受带着咸味的空气；或在**佩蒂滕格特庙**（见53页）驻足，面对着那些供品陷入沉思。

要想在水明漾餐馆街Jl Kayu Aya两旁林立的休闲餐馆中选一处吃午饭，**Revolver**（见57页）和**Ginger Moon**（见55页）就是两处典型的餐厅。之后你应该为体验巴厘岛的一大亮点做好准备：在水明漾血拼。顶级购物之选包括Jl Raya Seminyak的**Theatre Art Gallery**（见60页）、Jl Kayu Aya的**Bamboo Blonde**（见60页）和**Prisoners of St Petersburg**（见59页），还有Jl Basangkasa的**Souq**（见59页）。

晚饭前在**Red Carpet Champagne Bar**（见58页）或Jl Abimanyu以南的一家海滩酒吧喝两杯。晚餐的选择多到令人无所适从，不过步行穿过海滩到**La Lucciola**（见55页）或向内陆到**Mama San**（见55页）都很方便。晚些时候，可在**La Favela**（见57页）参加派对，或者到**Bali Joe**（见58页）欣赏精彩表演。

巴厘岛最佳

饮品和夜生活

Red Carpet Champagne Bar（见58页）

La Favela（见57页）

Ryoshi Seminyak House of Jazz（见57页）

Bali Joe（见58页）

购物

Milo's（见60页）

Prisoners of St Petersburg（见59页）

Bamboo Blonde（见60页）

Thaikila（见61页）

Theatre Art Gallery（见60页）

Souq（见59页）

Ashitaba（见61页）

Drifter Surf Shop（见61页）

到达和离开

出租车 从机场乘出租车费用为80,000~130,000Rp。

步行 Jl Raya Seminyak与Jl Raya Basangkasa都适宜步行。可惜的是，Jl Kayu Aya、Jl Petitenget、Jl Drupadi等街道对步行者来说很危险。要留意街角的视觉盲区和路面的凹陷破损，这些都可能造成巨大伤害。想要迅速前往库塔和雷吉安的话，尽可能选择沿海滩走。

A
B
C
D
E
1
2
3
4
Jl Sunset
Jl Raya Mertanadi
Seminyak Yoga Shala
Jari Menari
Jl Basangkasa
Jl Raya Seminyak
Jl Kunti
Chill
Prana
Jl Plawa
Jl Raya Kerobokan
Jl Drupadi
Jl Laksmana & Jl Oberoi
Jl Kayu Aya (Jl Laksmana & Jl Oberoi)
Jl Pangkung Sari
Jl Braban
SEMINYAK
水明漾
Jl Camplung Tanduk
Jl Dhyana Pura & Jl Abimanyu
Jl Sarinanade
Jl Kayu Jati
Jl Petitenget
Jl Pura Telaga Waja
Bodyworks
Kerobokan Beach
克罗博坎海滩
Pura Petitenget
佩蒂滕格特庙
Seminyak Beach
水明漾海滩
Teluk Kuta
库塔湾
详细介绍请见
景点和活动 53页
就餐 54页
饮品 57页
娱乐 59页
购物 59页
500 m
0.25 miles

ASIANDREAM / GETTY IMAGES ©

水明漾海滩上的酒吧

景点和活动

水明漾海滩

海滩

1 见52页地图，A1

水明漾是长长的海滩的一段，与库塔和雷吉安连在一起。日落时分，在躺椅上喝一杯冰凉的Bintang啤酒，别提有多惬意了。佩蒂滕格特庙附近的一片沙滩尤为出色，游客也比再往南的库塔要少。(Seminyak Beach)

佩蒂滕格特庙

印度教寺庙

2 见52页地图，A1

这是一座重要的寺庙，也是许多庆典仪式的举办场所。从布科半岛(Bukit Peninsula)上的乌鲁瓦图庙(Pura Luhur Ulu Watu)向北一直到巴厘岛西部的海神庙(Pura Tanah Lot)，中间包括一系列海滨寺庙，该寺庙是其中之一。Petitenget在当地语言中大致的意思为"魔盒"，受到16世纪传奇人物大祭司尼拉塔(Nirartha)的珍视，他净化了巴厘岛人的信仰，在生前经常光临这座寺庙。(Pura Petitenget; Jl Petitenget)

Jari Menari

水疗

3 见52页地图，E2

这里店如其名，意思是"舞动的手指"，你的身体就是欢乐的舞台。全体服务人员都是男士，他们所使用的按摩技术非常注重节奏感。另提供按摩课程(US$170起)。(☎0361-736740; www.jarimenari.com;

Jl Raya Basangkasa 47；按摩 385,000Rp起；⌚9:00~21:00）

Bodyworks
水疗

4 见52页地图，B1

蜜蜡脱毛、头发护理、关节按摩，尽在这家位于水明漾中部的超受欢迎的理疗中心。另提供其他多种服务项目。（☎0361-733317；www.bodyworksbali.com；Jl Kayu Jati 2；按摩 295,000Rp起；⌚9:00~22:00）

Prana
水疗

5 见52页地图，E3

这座富丽堂皇的摩尔式建筑是巴厘岛装修最奢华的水疗中心。这里提供的服务从基本的1小时按摩到面部和身体各部位护理等，应有尽有。（☎0361-730840；www.pranaspabali.com；Jl Kunti 118X；按摩每小时 510,000Rp起；⌚9:00~22:00）

独家贴士

了解这片海滩

库塔海滩与雷吉安天衣无缝地连在一起，然后延伸到水明漾。由于交通不便，水明漾的沙滩一般没有库塔的那样人满为患。不过，这也意味着救生员巡逻次数更少，水面状况也更缺乏相应的监控。特别是当你向北走的时候，碰到危险的大潮或其他危险的概率更高。

Seminyak Yoga Shala
瑜伽

6 见52页地图，E2

这是一间风格务实的瑜伽工作室，每天都有瑜伽课程，包括阿斯汤加（ashtanga）、迈索尔（mysore）、阴阳等各种瑜伽体系。（☎0361-730498；www.seminyakyogashala.com；Jl Basangkasa；课程 120,000Rp起）

Chill
水疗

7 见52页地图，E3

店名Chill已是不言自明，这家充满禅意的场所使用反射按摩疗法，理疗包括全身穴位按摩等。（☎0361-734701；www.chillreflexology.com；Jl Kunti；理疗 每小时 225,000Rp起；⌚10:00~22:00）

Surf Goddess
冲浪

这里为女性提供专属冲浪假日，服务包括冲浪课程、瑜伽、餐食，还有水明漾小巷中的豪华客栈住宿。（☎0858 997 0808；www.surfgoddessretreats.com；每周套餐 含房间 US$3000起）

就餐

Sisterfields
咖啡馆 $$

8 见52页地图，C2

时尚的Sisterfields供应牛油果泥等经典澳大利亚风味早餐，还有更加独出心裁的菜肴，如松露平菇配鸭蛋和香脆猪耳。这里还有一些时尚的热门菜肴，如手撕猪肉卷和迷你龙虾汉堡。你可以在卡

位、吧台或者后面的庭院里用餐。附近几家咖啡馆也不错。（☎0361-738454；www.sisterfieldsbali.com；Jl Kayu Cendana 7；主菜70,000~150,000Rp；⏲7:00~17:00；📶）

Ginger Moon　亚洲菜 $$

9 见52页地图，C2

澳大利亚人Dean Keddell是众多被巴厘岛吸引而来开餐馆的年轻主厨之一。他创立的这个地方非常吸引人，有宽敞的空间、雕刻的木饰，还有棕榈树。菜单有各种“最佳”菜肴，可按客和按份上菜。最热门的菜肴包括花椰菜比萨和秘制咖喱鸡，另供应相当好的儿童菜肴。（☎0361-734533；www.gingermoonbali.com；Jl Kayu Aya 7；主菜 70,000~160,000Rp；⏲11:00至午夜；📶 👪）

Fat Gajah　亚洲菜 $$

10 见52页地图，E2

Fat Gajah主打饺子和面条，大多使用有机食材。这里的煎饺或蒸饺的馅料极具创意，如巴东牛肉、黑椒螃蟹、泡菜金枪鱼和柠檬草羔羊肉。这里还供应各种亚洲小吃。备用就餐区非常迷人。（☎0851 0168 8212；www.fatgajah.com；Jl Basangkasa 21；饺子 52,000~110,000Rp；⏲11:00~22:30；📶）

Mama San　创意菜 $$

11 见52页地图，D1

这是水明漾最受欢迎的餐馆之一，其仓库大小的时尚空间被分为好几层，裸露的砖墙上挂满了照片。菜单主打来自东南亚各地的创意菜肴。除了莫吉托之外，还有五花八门的各种鸡尾酒，其中不乏许多热带风味的饮品。（☎0361-730436；www.mamasanbali.com；Jl Raya Kerobokan 135；主菜 90,000~200,000Rp；⏲正午至15:00和18:30~23:00；❄ 📶）

La Lucciola　创意菜 $$$

12 见52页地图，A1

这是一家时尚的海滨餐厅，坐在二楼的餐桌旁，可以看到一片美丽的草坪和海浪轻抚着的沙滩。酒吧适宜观赏日落，多数顾客会继续在这里享用晚餐。这里的菜肴在意大利风味中融合了多种国际元素，创意十足。（☎0361-730838；Jl Petitenget；主菜 120,000~400,000Rp；⏲9:00~23:00）

Petitenget　新派澳大利亚菜 $$

13 见52页地图，A1

如果不是因为这里天气太热，你可能会觉得自己身在巴黎。这家极富魅力的法式小馆由知名澳大利亚主厨Simon Blaby经营，餐馆里回荡着轻柔的爵士乐，有休闲露台、吧台以及更正式的就餐区域。菜单上有当季特色菜，主打欧洲和亚洲的美味佳肴。所有一切都是精心准备的，还提供童趣十足的幼儿餐。（☎0361-473 3054；www.petitenget.net；Jl Petitenget 40X；主菜 早餐 40,000~80,000Rp，午餐和晚餐 60,000~200,000Rp；⏲7:00~22:30；📶）

Ku De Ta（见59页）

Corner House

咖啡馆 $$

14 见52页地图，D2

这家宽敞的咖啡馆有光滑的水泥地面、荡来荡去的电灯泡、做旧的墙壁和老式的家具，是水明漾常见的装修风格。这里的早午餐非常受欢迎，有香醇的咖啡、丰盛的早餐，以及自制的香肠卷和牛排三明治。还有一个绿树成荫的小庭院，以及一个更加轻松、微风拂面的楼上餐区。（0361-730276；www.cornerhousebali.com；Jl Laksmana 10A；菜肴 35,000~125,000Rp；7:00~23:00；）

Warung Taman Bambu

巴厘菜 $

15 见52页地图，E3

这个经典的小吃摊从街上看起来很简陋，但不论是舒服的桌子，还是它供应的许多新鲜香辣的菜肴，都远超一般水准。隔壁还有一个巴厘岛烤乳猪（babi guling）的小摊位。（0361-888 1567；Jl Plawa 10；主菜 25,000Rp起；9:00~22:00；）

Wacko Burger

汉堡包 $$

16 见52页地图，D3

真是让人欲罢不能的美食天堂！这里的汉堡包、洋葱圈、薯条、奶昔等都广受欢迎，还有丰富多样的配料和调味品可供选择。餐桌摆在一个有棚的户外露台上，可以看到稻田。（☎0821 4401 0888；www.wackoburger.com；Jl Drupadi 18；主菜50,000Rp起；⏲正午至21:30）

Earth Cafe & Market

素食 $$

17 见52页地图，D2

这家素食咖啡馆兼商店处处都透着一种注重环保的美妙气氛。你可以选择创意沙拉、三明治或者全麦的纯素和生食美味。这里最著名的就是有六道菜的“星球拼盘”（Planet Platter）。此外，还供应新鲜的果汁和排毒饮品。（☎0851 0304 4645；www.earthcafebali.com；Jl Kayu Aya；主菜40,000~100,000Rp；⏲7:00~23:00；）

饮品

La Favela

酒吧

18 见52页地图，D2

穿过一个神秘而诱人的入口，你就来到了这家充满波希米亚风情的夜生活场所，它是巴厘岛最酷和最原汁原味的。主题房间会带领你完成一次惊奇的混沌之旅，从灯光昏暗的隐秘鸡尾酒吧和古老餐厅来到满是涂鸦的吧台。23:00后餐桌被移开，这里就会变成DJ表演和跳舞场地。（☎0361-730603；www.lafavela.com；Jl Kayu Aya 177X；⏲正午至次日3:00；）

Revolver

咖啡馆

19 见52页地图，C2

步入一条小巷深处，穿过几道狭窄木门，就能到达这个火柴盒般大小的咖啡馆。这里供应一系列极好的咖啡，复古的房间创意十足，风格好似狂野西部的酒馆。这里仅有几张餐桌，找一张坐下来，享受新鲜可口的早餐和午餐吧。（☎0361-788 4968；紧邻Jl Kayu Aya；咖啡20,000~30,000Rp；⏲7:00~18:00；）

Ryoshi Seminyak House of Jazz

酒吧

20 见52页地图，E4

这是巴厘岛日式料理连锁店在水明漾开设的分店，每周有三个晚上会在传统茅草屋的私密舞台上进行现场爵士乐演出，你可以见到许多极具天赋的本地和外地爵士乐手。（☎0361-731152；www.facebook.com/ryoshibali；Jl Raya Seminyak

独家贴士

错误号码？

巴厘岛的固定电话号码（南部和乌布地区的区号为0361的固定电话）正在陆续变更。为了适应不断增加的线路需求，现有电话号码正在进行升位改造，需在原6位或7位号码前加一位数。因此，0361-761 XXXX可能会变为0361-4761 XXXX。新电话号码的升级计划常有变化，不过拨通后你会先听到印尼语，然后用英语重复，告诉你应当在号码前加拨哪个数字。

了解当地

悬而未决的禁酒令

在巴厘岛，几乎每位旅行者都会想喝一杯。因此，印度尼西亚立法机构的伊斯兰保守派在2016年关于全国禁酒的提案，为巴厘岛的旅游业带来了些许影响。尽管这些提案未获通过，但仍可能旧话重提。巴厘岛在旅游业与文化方面（巴厘岛的印度教徒并无饮酒的禁忌）如何应对，将会成为未来数年内的热门话题。

17；正午至午夜，现场音乐 周一、周三和周五 21:00开始）

Red Carpet Champagne Bar
酒吧

21 见52页地图，D2

这家位于水明漾最时尚前沿地区的迷人酒吧，有超过200种香槟可供选择。你可以大摇大摆地走在红地毯上，喝几杯店里赖以成名的香槟酒，同时打量生蚝和穿着褶边连衣裙的美女。酒吧沿街而设（但高出街面），可供你俯瞰街上的众生相。（0361-737889；www.redcarpetchampagnebar.com；Jl Kayu Aya 42；正午至深夜）

Bali Joe
同性恋夜店

22 见52页地图，D4

这是这一地带几个活跃的同性恋、双性恋、跨性别者场所之一，变装皇后和热辣舞者们每晚都会点燃全场的气氛。（0361-730931；www.balijoebar.com；Jl Camplung Tanduk；15:00至次日3:00；）

Koh
夜店

23 见52页地图，D3

这家店在本地人和外籍人士（并非游客）中都很受欢迎，这里可以很安静，但也可以因为世界级的DJ表演而变得热闹非凡。入口是一个集装箱。（0812 3643 9919；www.facebook.com/kohbali；Jl Camplung Tanduk；周四至周六 23:00至次日5:00）

Anomali Coffee
咖啡馆

24 见52页地图，D1

这是一家总店设在雅加达的连锁店，真正的咖啡爱好者也会觉得这里出类拔萃。供应的各种单品咖啡源自群岛各地，均为现场烘制。仓库式环境酷劲十足，你可以尽情享用专业咖啡师调制的V-60滴滤咖啡、爱乐压咖啡、虹吸式咖啡或意式浓缩咖啡。这里也出售袋装研磨咖啡。（0361-767119；www.anomalicoffee.com；Jl Kayu Aya 7B；咖啡 26,000Rp起；6:30~22:00；）

Champlung Bar
酒吧

25 见52页地图，C4

这是Jl Camplung Tanduk以南海滨步行道旁最重量级的海滨酒吧，在海滩遍地五颜六色的阳伞和懒人沙发中仍能独树一帜，另有经典海滩菜式（比萨、面条等）。日落之后，有DJ和海滩派

对。（☎0361-730603；紧邻Jl Camplung Tanduk；⏰11:00至午夜）

Ku De Ta

夜店

26 见52页地图，B2

这里是巴厘岛俊男靓女（包括那些拥有令人梦寐以求的地位的人）的会集之地。跟风的潮人白天一边盯着细沙海滩，一边借饮品掩饰无聊的神情。夕阳西下时，宾客蜂拥而至，他们会在餐桌边享用一顿菜式丰富的晚餐。整个晚上，这里都洋溢着节奏强劲的音乐。特别活动堪称经典。（☎0361-736969；www.kudeta.net；Jl Kayu Aya 9；⏰8:00至深夜；📶）

Bottoms Up

男同性恋夜店

27 见52页地图，D4

每晚都有变装表演、热辣舞蹈和常见的轻佻风流。（www.bottomsupseminyak.webs.com；Jl Camplung Tanduk；⏰18:00至次日4:00）

娱乐

Upstairs Lounge Cinema Club

电影院

28 见52页地图，E2

影院不大，但很舒适，全新的设备放映新的、经典的、艺术性的、另类的影片。在楼下的咖啡馆**Divine Earth**（www.divineearthbali.com；主菜50,000~140,000Rp；⏰7:00~23:00；❄📶✍）消费，可以免费观影。（☎0361-731964；www.facebook.com/divineearthbali；JL Raya Basangkasa 1200A；⏰电影20:00）

购物

Souq

家庭用品

29 见52页地图，D1

这是一家光鲜亮丽的高端商店，装饰风格融中东和亚洲风格于一体，主打巴厘岛本地设计的家居用品和服饰。店里有个小咖啡馆，供应健康早餐和午餐精选菜肴，另有可口的咖啡和低温压榨的果汁。（☎0822 3780 1817；www.souqstore.co；Jl Basangkasa 10；⏰8:30~20:00）

Prisoners of St Petersburg

时装和饰品

30 见52页地图，D2

这里五花八门、紧跟潮流的女士服

> **当地生活**
>
> **Seminyak Village Mall**
>
> 这个空调制冷的新**商场**（☎0361-738097；www.seminyakvillage.com；Jl Kayu Jati 8；⏰9:00~22:00；📶）因其位于街道后方恰当的位置而获得赞赏，但几年前这里还是稻田。商场内入驻的本土店铺令人耳目一新，包括Lily Jean在内的多家知名品牌分布在三个楼层。出租给崭露头角的巴厘岛设计师的小型花车摊位值得尝试。

装和饰品，均出自巴厘岛炙手可热的年轻设计师之手。(☎0361-736653; Jl Kaya Aya 42B; ⏲10:00~22:00)

Indivie

工艺品

31 🛍 见52页地图，E3

这个引人入胜且时尚新潮的精品店里展出巴厘岛年轻设计师的作品。(☎0361-730927; www.indivie.com; Jl Raya Seminyak, Made's Warung; ⏲9:00~21:00)

当地生活

在水明漾购物

水明漾有设计师精品店（巴厘岛的时装行业非常兴旺）、复古风格的高雅商店、精美的画廊、批发市场，以及家庭经营的手工作坊供你选择，可谓应有尽有。

最佳购物商圈从Bingtang Supermarket的Jl Raya Seminyak处开始，向北延伸至Jl Basangkasa。零售商店一路蔓延，一部分拐入Jl Kayu Aya和Jl Kayu Jati的黄金地段，另一些继续向北，沿着Jl Raya kerobokan直到克罗博坎（Kerobokan）。务必留意，别一脚踩进人行道上张着"大嘴"的窟窿里。

如果你在不计其数的商店之间漫游时需要帮助，不妨联络名字独特的Marilyn（www.retailtherapybali.com），她会以一个零售业老手的精准眼光对当地零售店进行评价，并提供定制式购物团队游。

Samsara

服装

32 🛍 见52页地图，E3

巴厘岛制造，灵感来自全球各地。这家迷人的商店有手工蜡染布制作的一系列休闲服饰，设计师是Coretta Hutson。(www.samsaraboutique.com; Jl Raya Seminyak; ⏲10:00~22:00)

Theatre Art Gallery

工艺品

33 🛍 见52页地图，E3

这家店主打曾用于传统巴厘岛戏剧的二手和复刻皮影（wayang），单是与人物剪影大眼瞪小眼就是乐事一桩。(Jl Raya Seminyak; ⏲9:00~20:00)

Bamboo Blonde

服装

34 🛍 见52页地图，C2

这家让人感到愉快的设计师精品店（全岛共11个店面）出售各种镶花边的、运动的或性感的连衣裙，以及更为正式的装束。所有商品均在巴厘岛设计制造。(☎0361-731864; www.bambooblonde.com; Jl Kayu Aya 61; ⏲10:00~22:00)

Milo's

服装

35 🛍 见52页地图，B2

这里是拥有传奇色彩的本地丝绸服饰设计师开在设计精品店聚集地带的奢华商店，可以留意那些带有引人注目的兰花图案的蜡染布服装。(☎0361-822

LONELY PLANET / GETTY IMAGES ©

在水明漾购物

2008; www.milos-bali.com; Jl Kayu Aya 992; 10:00~20:00)

Drifter Surf Shop
时装和饰品

36 见52页地图，C2

这家商店由两位颇有生意头脑的冲浪者创办，凭借独特个性和卓越品质赢得了良好的口碑。店内出售高端冲浪时装、冲浪板、装备、书籍，包括Obey和Wegener等品牌，还有一间小咖啡屋酒吧和一片露台。(0361-733274; www.driftersurf.com; Jl Kayu Aya 50; 7:30~23:00)

Ashitaba
工艺品

37 见52页地图，E3

店内销售各种精细复杂、异常美丽的白藤制品，均来自巴厘岛东部阿迦族(Aga)村庄登安南(Tenganan)。器皿、碗、包袋和其他物品(50,000Rp起)都展示了精湛细腻的编织工艺。(0361-737054; Jl Raya Seminyak 6; 9:00~21:00)

Thaikila
服装

38 见52页地图，D2

这家当地品牌以出售"所有女性梦寐以求的比基尼"为座右铭，也的确凭这种简单的衣物而声名鹊起。泳衣由法国设计师设计，在巴厘岛制造。如果你需要时髦的泳装，来这里就对了。(0361-731130; www.blue-glue.com; Jl Kayu Aya; 9:00~21:00)

探索

克罗博坎和长谷

克罗博坎也可以被称为“北水明漾”，Jl Petitenget大街将这两者天衣无缝地连在一起。另外，克罗博坎与水明漾相似，也云集了极具吸引力的商店和巴厘岛的出色餐馆。这里还是私人别墅租赁最先兴起的地方。围墙环绕的大小建筑群沿海岸向西延伸到别墅遍地的长谷，直至波涛汹涌、气氛恬静的回音海滩（见上图）。

一日游行程

从关注自身开始这一天的行程吧！先在**Jiwa Bikram**（见68页）做瑜伽，或者到**Amo Beauty Spa**（见69页）换个新形象。然后去**巴都博隆海滩**（见67页）的冲浪点大显身手。接下来到**Hobo**（见73页）等众多家居用品精品店大肆购物，塞满随身行李；或者减轻钱包与背包的负担，去适合儿童的**JJ Bali Button**（见73页）逛逛。

克罗博坎有多家简单小吃摊供应印度尼西亚风味菜肴，就餐环境也适合游客，**Warung Sulawesi**（见70页）或**Warung Goûthé**（见69页）都值得一试。到了下午，可以在人气越来越旺的**巴都贝丽格海滩**（见67页）寻一处心仪之地，也可以去沙滩躺椅和饮料小贩密集的回音海滩，或者干脆就在游客没那么多的巴都博隆海滩的一端享受宁静。

去克罗博坎以西的巴都贝丽格海滩找个地方，满足一下对夕阳美景的幻想。然后打扮得漂漂亮亮，到**Sardine**（见70页）啜饮巴厘岛最好的饮品，或者去**Warung Eny**（见70页）品尝美食。

想体验克罗博坎和长谷当地人的一天，见64页。

巴厘岛最佳

海滩

巴都博隆海滩（见67页）

回音海滩（见67页）

夜生活

Black Shores（见71页）

Potato Head（见71页）

身体护理

Sundari Day Spa（见67页）

就餐

Sardine（见70页）

Warung Goûthé（见69页）

Warung Sulawesi（见70页）

Warung Eny（见70页）

购物

JJ Bali Button（见73页）

Hobo（见73页）

Bathe（见72页）

Dylan Board Store（见73页）

到达和离开

出租车 从机场乘坐出租车费用为100,000~225,000Rp。

这一地区较为广阔，步行到海滩也许要走至少2公里，需要租用小摩托车、乘出租车或搭酒店司机的便车代步。回音海滩有出租车停靠点。

当地生活

海滩漫步：巴都贝丽格海滩至回音海滩

陆路驾驶要绕很大一圈，选择海滩漫步的话，从巴都贝丽格海滩到回音海滩仅4公里路程。一路上你会发现一些空旷的沙滩并会穿过几条小溪，全程只有拍岸的海浪声相伴；你还会看到一些有趣的乡村、寺庙、别墅和简单的咖啡馆。注意：走这条路很可能会让你浑身湿透，因此需将重要物品装入防水袋中。

❶ 巴都贝丽格海滩

从巴都贝丽格海滩旁的任意一家酒吧和咖啡馆开始这段步行游览吧！补充好能量，走上一个小时还是半天，随你喜欢。沿海滩步行时，向西北方向远眺，可以看到远处回音海滩正进行的开发项目。

❷ 跨水而行

整条徒步线路的最大障碍距起点仅500米。河流入海口与潟湖多数时候水深1米，有时则是干涸的。不过在雨后，水会更深，游过激流并不可取。在这种情况下，可以取道横跨潟湖之上漂亮的小步行桥，到迷人的户外休闲酒吧La Laguna，这里可以乘坐出租车。

❸ 贝拉瓦海滩

位于水明漾海滩（也可从这里开始徒步）以北约2公里处的这座海滩，如今成了长谷的时尚中心之一，高端的Finn's Beach Club就在此地。浪花翻滚的海边还有许多低调的啤酒摊贩，灰色的火山沙海滩从这里斜插入海。沿沙滩边缘向远处望去，可以看到占地面积巨大的Marabito Art Villa，这处私人建筑十分引人注目。

❹ 普兰卡克海滩

继续前行约1公里，你会来到另一个涉水处（水很浅），Pura Dalem Prancak的巨大建筑群就从这里开始。Pantai Prancak有摊贩供应饮品，也出租冲浪板。回头朝来路的方向看，你可以看到一直延伸到机场的绵延海滩。

❺ 尼拉扬海滩

当你看到渔船和小屋的时候，就到了地势相对平缓的尼拉扬海滩，从这里去热闹的长谷内陆地区并不容易。

❻ 巴都博隆海滩

时尚又热门的巴都博隆海滩拥有巨大的Pura Batumejan建筑群，里面有座令人惊叹的宝塔状寺庙。这里出租冲浪板，还有久负盛名的休闲场所Old Man's等多家咖啡馆，各色人等齐聚，非常热闹。海滩上还有摊贩提供饮品和沙滩椅。

❼ 回音海滩

沿海滩进行的开发项目是这里的醒目标志，走了这么远的路，不妨从多家咖啡馆中挑一家，犒劳一下自己。扎堆儿的商店意味着你可以换掉身上已被汗水浸透的衣裳。不想逛商店的话，就把相机从防水袋里拿出来，对着高人气的冲浪点好好拍上一番。

❽ 佩雷勒南海滩

佩雷勒南海滩是这一地区的下一个热点，就在回音海滩以西，沿着沙滩和岩石走300米即到。沙滩上十几家餐饮竹屋足以让你大快朵颐。不过只要开发商稍有动作，这些临时的餐馆就会消失。

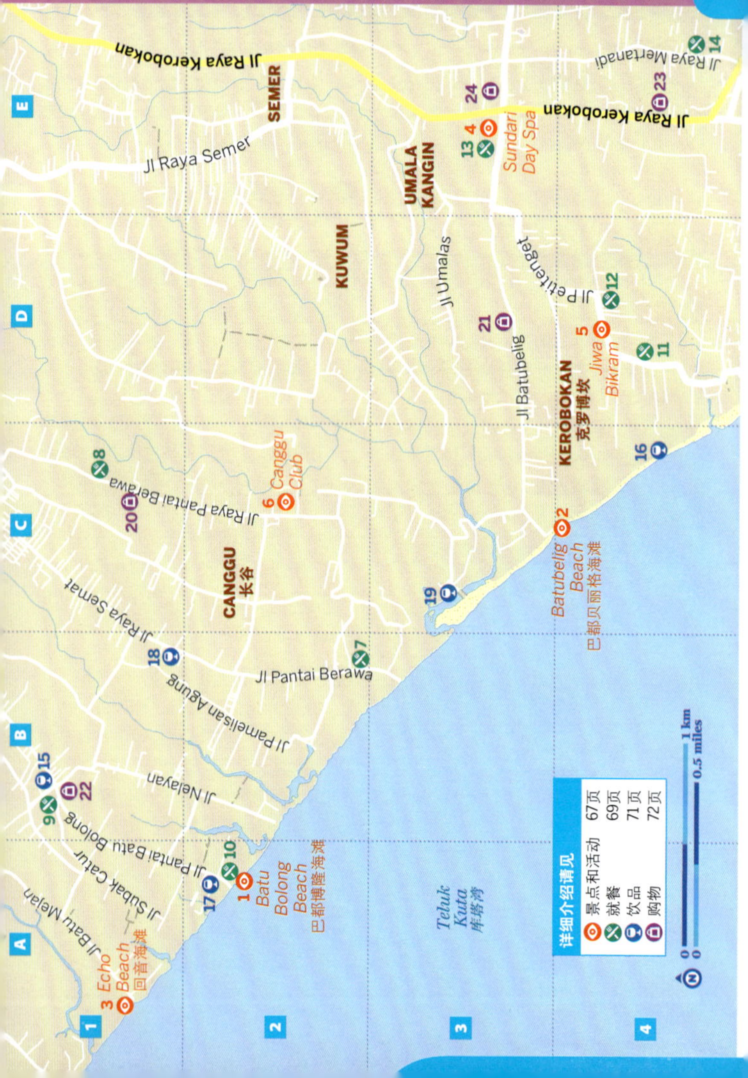

A
B
C
D
E
1
2
3
4
Jl Raya Kerobokan
SEMER
Jl Raya Semer
KUWUM
UMALA KANGIN
Jl Umalas
Sundari Day Spa
Jl Raya Mertanadi
Jl Petitenget
Jl Batubelig
KEROBOKAN
克罗博坎
Jiwa Bikram
Canggu Club
Jl Raya Pantai Berawa
CANGGU
长谷
Jl Raya Semat
Jl Pantai Berawa
Jl Pamelisan Agung
Jl Nelayan
Jl Pantai Batu Bolong
Jl Subak Catur
Jl Batu Mejan
Echo Beach
回音海滩
Batu Bolong Beach
巴都博隆海滩
Batubelig Beach
巴都贝丽格海滩
Teluk Kuta
库塔湾
详细介绍请见
景点和活动 67页
就餐 69页
饮品 71页
购物 72页
0
1 km
0.5 miles

KONSTANTIN TRUBAVIN / ALAMY STOCK PHOTO ©

巴都博隆海滩

景点和活动

巴都博隆海滩

海滩

1 见66页地图，A2

巴都博隆是长谷地区最热闹的海滩。总会有许多当地人、外籍侨民和旅行者在这里的咖啡馆小憩、在浪尖一显身手或者在沙滩上看冲浪健儿的精彩表演。这里出租躺椅和遮阳伞，还有供应啤酒的商贩。（Batu Bolong Beach）

巴都贝丽格海滩

海滩

2 见66页地图，C4

海滩在这里变得狭长，不过还是有一些或气派或简单的畅饮好去处。经Jl Batubelig大街很容易抵达这里，你可以在蜿蜒的沙滩上向西北方向漫步，一直到达很受欢迎的回音海滩。（Batubelig Beach）

回音海滩

海滩

3 见66页地图，A1

冲浪者和观赏冲浪的人群蜂拥而至，等待通常能高达2米的左手浪。开发区前的灰白沙滩在涨潮时会被海水淹没，但你能在东西两边找到宽阔的浅滩。巴都博隆海滩在东边500米处。（Echo Beach）

Sundari Day Spa

水疗

4 见66页地图，E3

这家备受推崇的水疗场所致力于用实惠的价格提供五星级度假胜地的服务。按摩油和其他药剂都采用有机原

了解当地

别墅生活

巴厘岛南部和乌布有许多别墅，如今正在向东部蔓延。它们通常都坐落在稻田之中，仿佛是一夜之间修建起来的。不过，别墅热潮在环境、美感和经济方面引起了很大的争议。许多这样的别墅还避免向住客征收政府税，这激起了与之竞争的豪华酒店的愤怒，因此面临被取缔的危险。

大型别墅适合一群朋友狂饮游乐，这类别墅在长谷很常见。其他别墅的规模都要小一些，也更为私密，或是大型开发项目的一部分（这在水明漾和克罗博坎尤为普遍），或与高级酒店有密切联系。在别墅中，你能见到以下设施：私人花园和泳池、厨房、一间或多间带空调的卧室、露天公共区域。别墅还可能包括专为你服务的工作人员（厨师、司机、清洁工）、私人海滩，还有与世隔绝的环境（可能是优点，也可能是缺点）。

别墅租金从每晚不到US$200（中档）至每周US$2000甚至更多，后者可以自己独享一幢热带房产。租金常有折扣，特别是在淡季，几对夫妇或情侣合租一座的话，以平价房租也能获得豪华享受。有时你还可以选择等待至最后一分钟折扣，以省下一笔可观的费用。但在旺季，一些最好的别墅可能早就被预订一空了。

这是一个毫无规则可言的市场。租赁代理数量众多，良莠不齐。在计划租赁时，必须尽可能弄清楚一切细节，以及租金涵盖的确切范围等。

当地代理商包括**Bali Discovery**（☎0361-286283；www.balidiscovery.com）、**Bali Private Villas**（☎0361-844 4344；www.baliprivatevillas.com）和**Bali Ultimate Villas**（☎0851 0057 1658；www.baliultimatevillas.net）等。

料，有种类齐全的水疗和护理可供选择。（☎0361-735073；www.sundari-dayspa.com；Jl Petitenget 7；按摩 250,000Rp起；⏲10:00~22:00）

Jiwa Bikram 瑜伽

5 见66页地图，D4

这个朴素场所位置便利，教授几种不同类型的瑜伽，包括高温瑜伽、热流瑜伽和阴瑜伽等。（☎0361-841 3689；www.jiwabikram.com；Jl Petitenget 78；课程 180,000Rp起；⏲9:00~20:00）

Canggu Club 健康与健身

6 见66页地图，C2

Canggu Club融合了英属印度怀旧风格与新纪元运动特色，这里常有巴厘岛的外籍人士傻乎乎地折腾自己。宽阔的浅绿色草地被精心打造成门球场地。在这里还可以进行网球、壁球、马球、板球、保龄球等各种运动，另有一处水疗中心和25米泳池。许多别墅出租中心都为房客提供这里的入场券。华丽的**Splash Waterpark**极受欢迎。(☎0361-848 3939; www.cangguclub.com; Jl Pantai Berawa; 成人/儿童 单日票300,000/180,000Rp; ⏲6:00~22:00)

就餐

One Eyed Jack

日本菜 $$

7 见66页地图，B2

这家美妙的小餐馆是日式居酒屋的典范，适宜朋友们来此小酌，分享美食。主厨曾在国际知名的Nomu餐厅工作过，烹制的菜肴美味绝伦。小份的玉米卷开胃菜、鸡肉串（tsukune）小三明治和烤猪柳汉堡都令人欲罢不能。一定要尝尝茶调鸡尾酒。(☎0819 9929 1888; www.oneeyedjackbali.com; Jl Pantai Berawa; ⏲17:00至午夜)

Warung Goûthé

法式小馆 $$

8 见66页地图，C1

这家开放式店面的咖啡馆主打精心制作、卖相完美的方便菜肴。菜式很少，每日不同，都使用新鲜食材制作。法国老板将看似简单的鸡肉三明治制作得令人赞不绝口、难以忘怀。单是甜品就令你不能自已。(☎0878 8947 0638; www.facebook.com/warunggouthe; Jl Pantai Berawa 7A; 主菜60,000Rp起; ⏲周一至周六 9:00~17:00)

Deus Ex Machina

咖啡馆 $$

9 见66页地图，B1

这家奇妙的咖啡馆位于长谷的稻田之间，扮演着多重角色：当你饿了时，这里是一家餐馆兼咖啡馆兼酒吧；当你想要购物时，这里是一家时尚品牌店；当你想感受文化时，这里是一座现代美术馆；当你想听音乐时，当地朋克乐队在这里现场演出（周日下午）；如果你是个摩托车手，这里是一家定制摩托车行；当你想刮胡子时，这里还是一个理发店……(Temple of Enthusiasm; ☎0811 388 150; www.deuscustoms.com; Jl Batu Mejan 8; 主菜60,000~170,000Rp; ⏲7:00~23:00; 📶)

Old Man's

各国风味 $$

10 见66页地图，A2

这家可以俯瞰巴都博隆海滩的海滨啤酒花园极受欢迎，单是决定坐在何处来享用啤酒就叫你犯难。自助式菜肴专为冲

当地生活

Amo Beauty Spa

在**Amo Beauty Spa**(☎0361-473 7943; www.amospa.com; Jl Petitenget 100X; 按摩 220,000Rp起; ⏲9:00~21:00)能遇到亚洲顶级模特，给人一种踏进*Vogue*杂志摄影棚的感觉。除按摩外，这里还提供从头发护理到足疗和蜜蜡脱毛的各种服务。需要预订。

浪者和渴望成为冲浪者的人供应汉堡包、比萨饼、炸鱼薯条、沙拉等。周三之夜已成为固定活动，而周五（现场摇滚）和周日（DJ助阵）也令人印象深刻。（☎0361-846 9158; www.oldmans.net; Jl Pantai Batu Bolong; 主菜50,000Rp起; ⏲8:00至午夜）

Saigon Street

越南菜 $$

11 见66页地图，D4

这家越南餐馆现代又热闹，总是顾客盈门，时尚的霓虹灯装饰吸引着人们的眼球。极具创意的越南菜肴包括香辣口味的槟榔叶包炖章鱼、令人印象深刻的什锦越南春卷，还有咖喱、河粉和芳香椰木烤肉。鸡尾酒中有一款令人惊艳的bang bang马提尼。需要预订。（☎0361-897 4007; www.saigonstreetbali.com; Jl Petitenget 77; 主菜50,000~175,000Rp; ⏲11:30~23:00; 📶）

当地生活

克罗博坎最受欢迎的小吃摊

克罗博坎看上去很高档，但仍有很多不错的地方能品尝到最地道的当地菜肴，其中最受欢迎的食肆之一便是**Warung Sulawesi**（Jl Petitenget; 餐35,000Rp起; ⏲7:00~20:00）。你可以在这个很有家庭气氛的宁静庭院内找一张桌子，感受经典的小吃摊，品尝鲜美的巴厘岛和印度尼西亚菜肴。先打一份米饭，然后从一排诱人的菜品中选择，正午的时候菜肴品种最多——豇豆太好吃了！

Warung Eny

巴厘菜 $

12 见66页地图，D4

在隐匿于无数盆栽植物后面的这家开放式小排档里，与餐馆同名的厨师Eny亲自烹饪每道菜。留意路边醒目的招牌："爱的烹饪"（The love cooking）。蒜焖对虾等海鲜菜肴十分可口，大部分食材是有机原料。不妨再问问Eny开办的出色的烹饪课。（☎0361-473 6892; www.warungeny.blogspot.com; Jl Petitenget 97; 主菜35,000Rp起; ⏲8:00~23:00）

Sardine

海鲜 $$$

13 见66页地图，E3

这个典雅而温馨、休闲又不失时尚的餐厅主打来自著名的金巴兰市场的生猛海鲜。餐厅位于一座漂亮的竹亭中，户外餐区可以远眺私人稻田，店里养的鸭子就在那片稻田里晃悠。独出心裁的酒吧一直营业到次日1:00，是一个必去之地。菜单会根据时令新鲜食材而变化。一定要预订。（☎0811 397 8111; www.sardinebali.com; Jl Petitenget 21; 餐US$20~50; ⏲11:30~16:00和18:00~23:00; 📶）

Gusto Gelato & Coffee

意式冰激凌店 $

14 见66页地图，E4

这是巴厘岛首屈一指的意式冰激凌店，香醇奥利奥、罗望子和柠檬罗勒等新

Sardine（见70页）

奇又美味的冰激凌都是当天新鲜制作的，另有各种经典口味。下午这里人满为患。（☎0361-552 2190；www.gusto-gelateria.com；Jl Raya Mertanadi 46；意式冰激凌22,000Rp起；⏲10:00~22:00；❄📶）

饮品

Black Shores　酒吧

15 见66页地图，B1

这是一家悠闲的酒吧，透着一股纯粹的长谷气氛，富有创意的调酒师会打造出各种果味十足的爽口鸡尾酒。这里还会定期举办现场演出（通常在周五夜晚），主打顶级外地乐队，顾客多的时候就像是海滩边举办的大型家庭派对。（☎0813 3987 4055；Jl Batu Bolong；⏲16:00至午夜）

Potato Head　夜店

16 见66页地图，C4

这里是巴厘岛最引人注目且最好的海滩夜店。顺着沙滩漫步，或者开车沿Jl Petitenget到这里，你会发现众多乐趣，从迷人游泳池到时尚餐厅，再到可供边欣赏点点繁星边放松的大量沙滩躺椅和一块块草坪，都会让你流连忘返。（☎0361-473 7979；www.ptthead.com；Jl Petitenget；⏲11:00至次日2:00；📶）

Ji　酒吧

17 见66页地图，A2

这家店无疑是长谷最具魅力的酒吧，

古典中式、巴厘岛木雕及华丽的装饰格外漂亮。一楼的平台有良好的视野，可供你一边品尝异域风情浓郁的鸡尾酒、清酒和日式小吃，一边观景。(☎0361-473 1701; www.jiatbalesutra.com; Jl Pantai Batu Bolong, Hotel Tugu Bali; ⏰17:00~23:00)

Hungry Bird

咖啡馆

18 见66页地图，B1

Hungry Bird是巴厘岛仅有的几家真正的"第三波浪潮"（精品咖啡）咖啡店之一，供应极好的单品咖啡。爪哇老板对咖啡的见识非常广博，并且会现场烘焙来自印度尼西亚各地的咖啡豆。如果致电预约，还可以参加咖啡品鉴活动。食物也非常棒（有机鸡蛋和烘焙食品），特别适合吃早午餐。(☎0898 619 1008; www.facebook.com/hungrybirdcoffee; Jl Raya Semat 86; ⏰周一至周六 8:00~17:00; 📶)

当地生活

在回音海滩饮酒休闲

边享用饮品边观赏冲浪，已成为回音海滩的传统。在咖啡馆聚集处以西，有多家临时的海滩酒吧，店面不过就是竹棚。这些酒吧提供海滩躺椅和冰爽啤酒。要注意的是，高端开发项目也许在一夜之间就把这些酒吧一扫而空了。

La Laguna

鸡尾酒吧

19 见66页地图，C3

水明漾La Favela的姊妹酒吧La Laguna是巴厘岛最迷人的酒吧之一。这家店带着"垮掉的一代"氛围，装饰呈摩尔式风格，有闪耀的小灯。你可以探索一下这里不拘一格的布局，然后找个沙发或沙发床坐下，或者选择室内的餐桌或花园中的野餐桌。饮品可口，食物尚可（主菜75,000Rp起）。(☎0812 3638 2272; www.facebook.com/lalagunabali; Jl Pantai Kayu Putih; ⏰11:00至午夜; 📶)

购物

It Was All a Dream

时装和饰品

20 见66页地图，C1

这家时尚的精品店以合理价格出售原创商品，包括高品质的皮质提包、有趣的太阳镜、二手牛仔裤、基本款的运动衫、刺绣长袍（kaftan）等。经营者是一对法国-美国侨民设计师。(☎0811 388 3322; Jl Pantai Berawa 14B; ⏰10:00~19:00)

Bathe

化妆品、家庭用品

21 见66页地图，D3

这家商店给人一种19世纪法国药房的感觉，用这里的手工蜡烛、空气扩散器、香薰精油、浴盐和家庭用品为你的别墅增加浪漫氛围吧。周边还有多家高档精品店。(☎0811 388 640; www.bathestore.com; Jl Batu Belig 88; ⏰7:00~22:00)

了解当地

小吃摊

在巴厘岛，人们外出就餐最常去的就是传统的街边小吃摊（warung）。在主要城镇，每隔几米就会有一家，即使小村庄里也有几个。这些价格低廉、朴实无华的食肆一派轻松氛围。就餐时你可以看着人来人往，而且常有陌生人一起拼桌吃饭。食物都很新鲜，各有特色，通常会展示在门口的玻璃柜子里，在那里可以搭配自己的米饭配菜（nasi campur），或者点一份餐馆的推荐套餐。

水明漾和克罗博坎都拥有大量的小吃摊，非常适合观光客。但其实巴厘岛到处都有小吃摊，在当中寻找自己的最爱也是一大乐趣。

Dylan Board Store 体育和户外用品

22 见66页地图，B1

著名的冲浪手Dylan Longbottom经营着这家定制冲浪板商店。作为一名非常有才华的冲浪板造型师，他为新手和专业选手打造专属冲浪板，也出售他设计完成的各种冲浪板。（0819 9982 5654；www.dylansurfboards.com；Jl Pantai Batu Bolong；10:00~20:00）

Hobo 家庭用品

23 见66页地图，E4

这家迷人的商店将优雅与古怪结合到一起，里面全是各种礼物和家居用品，其中许多都非常适合装进你的行李中。（0361-733369；www.thehobostore.com；Jl Raya Kerobokan 105；9:00~20:00）

JJ Bali Button 工艺品

24 见66页地图，E3

这里有无数用贝壳、塑料、金属等材料制成的珠子和纽扣，一眼望去好像是五颜六色的糖果店。精致的木雕纽扣售价800Rp。孩子们一定得好好哄着才肯离开。（Jl Gunung Tangkuban Perahu；9:00~17:00）

顶级体验

在巴都考庙接受心灵洗礼

到达和离开

小汽车 需要包车才能游览。从巴厘岛南部过来需要一两个小时，这取决于路上的交通状况。

巴都考庙（Pura Luhur Batukau）是巴厘岛上最神圣也最被低估的寺庙之一，这里是个出色的一日游目的地，也是最方便游览的神庙。巴都考庙位于森林之中，薄雾缭绕，僧侣们的诵经声伴着啾啾鸟鸣，气氛很美妙。这座神庙距岛上第二高山、位居巴厘岛三大火山末席的巴都考火山（Gunung Batukau；2276 米）山脚不远，青翠的贾蒂卢维（Jatiluwih）稻田也在附近，可以驾车穿越以欣赏这片令人惊叹的美景。

不要错过

巴都考庙

在寺庙建筑群中有一座七重檐神殿（meru），供奉着大山的守护神Maha Dewa。此外，还有供奉着保佑布拉坦（Bratan）、布扬（Buyang）和坦布林甘（Tamblingan）等湖泊的守护神的神殿。位于内院的主神殿有多道小门，遮蔽着祭祀用的小物件。这里气氛神圣，令人震撼。

面向寺庙，向左走一小段路，可以看到一条小溪，水流翻腾，潺潺作响。建议早些到这里，这样可以更好地看到火山令人生畏的黝黑山坡。

巴都考火山

到了巴都考庙的话，你其实已经站在巴都考火山的高处了。想要徒步登上海拔2276米的山峰，你需要一位向导，寺庙的售票处就提供向导服务。你起码需要为这次泥泞而艰辛的旅程支付1,000,000Rp，单程至少需要7个小时。当然，回报是那些无与伦比的景色和潮湿茂密的丛林奇境。

贾蒂卢维稻田

贾蒂卢维的含义是“特别壮观”（也可以翻译成“特别美丽”），身在此地，你会看到拥有几百年历史的水稻梯田，那种绿色简直无法用语言形容。青翠的梯田依山开辟，层层向上，如阶梯般直抵蓝天。

这处梯田是巴厘岛古老的水稻种植文化的一大标志，已经被列入了联合国教科文组织世界遗产名录。单是在长18公里的狭窄公路上欣赏，你就会明白这里的确名不虚传；而沿着水渠和竹子输水管，顺水流从一块稻田走向另一块稻田，则是更美好的体验。

成人/儿童20,000/10,000Rp

8:00~18:00

独家贴士

- 神庙里提供腰带和纱笼。
- 供神用的祭品形式多样，有些简单到只是在香蕉叶上放几片花瓣，还有的特别丰盛，可以供奉多位神。
- 2小时的短途攀登巴都考火山行程，费用为200,000Rp。
- 去贾蒂卢维的游客需要缴纳过路费（每人15,000Rp，以及每车5000Rp）。
- 你所见到大多是传统水稻品种，与岛上其他地区所种植的杂交水稻不同。不妨仔细看看红水稻颗粒饱满的沉甸甸的稻穗。

吃喝落脚点

贾蒂卢维公路旁有两三家简朴的咖啡馆可以休息，咖啡馆本身乏善可陈，但反正你来这里为的是优美的景色。

探索

金巴兰

金巴兰湾（见上图）就在库塔和机场以南，由一弯诱人的新月形白沙滩和蔚蓝的海水构成，沿岸有许多海鲜小吃摊。日间，金巴兰有两个市场，出售巴厘岛的鱼类、水果和蔬菜等丰富物产，顾客络绎不绝。尽管越来越热闹，金巴兰仍不失为逃离库塔和水明漾喧嚣的好去处。

一日游行程

清早去参观金巴兰人声鼎沸的**鱼市**（见79页）与供应蔬果的**早市**（见79页）。漫步之余，不妨去与海滩相隔不远的度假村里的咖啡馆坐坐。

整个下午，你都可以在金巴兰长达4公里的美妙**海滩**（见79页）上流连。走累了的话，就找个有阴凉的地方租个沙滩椅躺一会。有关未来开发的流言甚嚣尘上，不过这里的酒店和度假村还没有多到铺天盖地，沙滩上的人也并不多。

夕阳西下时，红色的晚霞壮观非凡，三个主要的海鲜排档聚集区烟雾缭绕，香气扑鼻，你可以找个心仪的地方享用晚餐。来自当地市场的海鱼非常新鲜，你可以从巨大的水箱中和保鲜冰床上任意挑选，再让店家用椰子壳炭火烤制。

巴厘岛最佳

海滩

金巴兰海滩（见79页）

就餐

金巴兰鱼市（见79页）

到达和离开

出租车 晚上有许多出租车在海滨大排档周边等待送食客们回家（去水明漾费用约140,000Rp）。有些海鲜大排档在电话预约的情况下提供免费交通。

公共汽车 Kura-Kura旅游巴士（www.kura2bus.com）有一条线路连接金巴兰与该公司在库塔的枢纽站，巴士每75分钟1班，费用40,000Rp。

A
B
C
D
1
2
3
4
5
0 500 m
0 0.25 miles
详细介绍请见
景点和活动 79页
就餐 80页
饮品 80页
2 Jimbaran Fish Market 金巴兰鱼市
KEDONGANAN
Jl Pantai Kedonganan
4 Northern Seafood Warung 北部海鲜餐饮区
Jl Pantai Jimbaran
Jl Ulu Watu
Jl Ngurah Rai Bypass
Teluk Jimbaran 金巴兰湾
1 Jimbaran Beach 金巴兰海滩
Jl Pemelisan Agung
3 Morning Market 早市
Jl Ulunsiwi
Middle Seafood Warung 中部海鲜餐饮区
Jl Yoga Perkanti
JIMBARAN 金巴兰
Southern Seafood Warung 南部海鲜餐饮区
5
7
Jl Ulu Watu
Jl Ulu Watu II
Jl Bukit Permai
6

IZZET KERIBAR / GETTY IMAGES ©

金巴兰鱼市

景点和活动

金巴兰海滩

海滩

1 见78页地图，B3

这里是巴厘岛最棒的海滩之一，长达4公里的弧形沙滩还算干净，而且不愁找不到购买小吃、饮料或者享用海鲜大餐和租沙滩椅的地方。由于海湾受到一片连绵珊瑚礁的保护，这里的海浪比北边高人气的库塔要平缓一些，但是你仍能尽兴地享受人体冲浪的乐趣。（Jimbaran Beach）

金巴兰鱼市

市场

2 见78页地图，B1

布科半岛上非常受欢迎的晨间去处，就是这个散发出浓浓的鱼腥味、人头攒动、熙熙攘攘的鱼市——到这里要留神脚下。颜色鲜艳的小船停在岸边，随浪起伏，各种海鲜用大箱子装好，在此叫卖，品种从小小的沙丁鱼到体积惊人的海鳌虾，应有尽有。这里节奏明快，气氛热烈。（Jimbaran Fish Market; Jimbaran Beach; 6:00~15:00）

早市

市场

3 见78页地图，C3

这是巴厘岛最好的市场之一，值得到这里逛逛的原因如下：布局紧凑，你无须走很远就可以见识到很多东西；当地厨师非常信赖这里水果和蔬菜的品质（你见过这么大的卷心菜吗？）；摊贩们已经习惯了旅游者到此一游，因此见怪不怪。

(Morning Market; Jl Ulu Watu; ⏲6:00至正午)

就餐

Jimbaran Bay Seafood 海鲜 $$

4 见78页地图，C1

食客们看到菜单上的价格就会如释重负。这个排档位于相当古板的北部餐饮区，不过还是特别舒适，就餐位置多样，有的在遮蓬下，有的在水泥平台上，还有些就在海滩上。(☎0361-701517; Jl Pantai Kedonganan; 主菜 100,000Rp起; ⏲11:00~22:00)

当地生活

陶瓷展示场

Jenggala Keramik Bali Ceramics (☎0361-703311; www.jenggala.com; Jl Ulu Watu II; ⏲8:00~20:00)位于现代化的仓库里，展示着漂亮的家用陶瓷器皿，这些器皿是巴厘岛购物的热门选择；还有一个参观区，可以观看陶瓷制作过程；另有一家咖啡馆。这里还提供面向成人和儿童的陶艺课程，而陶器彩绘活动可让你创作自己的陶艺作品（作品在游览的5天后可以烧制完成）。

Made Bagus Cafe 海鲜 $$

5 见78页地图，B4

这家店位于南部餐饮区的北端，服务员在海滩上长长的一列餐桌间往来不停，很有趣。建议点一份拼盘，多要酱料，要多好吃有多好吃。(☎0361-701858; 紧邻Jl Bukit Permai; 餐 80,000~200,000Rp; ⏲正午至22:00)

饮品

Rock Bar 酒吧

6 见78页地图，A5

介绍巴厘岛的无数游记文章中都会提到这个地方，这家酒吧从14米的高处俯瞰着波涛汹涌的印度洋，非常热门。每逢夕阳西下，排队等着坐电梯下到酒吧可能需要1个小时。这里对着装有要求，不能携带背包或身着背心入内。供应地中海风味的酒吧小吃。(☎0361-702222; www.ayanaresort.com/rockbarbali; Jl Karang Mas Sejahtera, Ayana Resort; ⏲16:00至次日1:00; 📶)

Jimbaran Beach Club 咖啡馆

7 见78页地图，A5

就像金巴兰海湾的魅力还不够似的，这家海滩酒吧还有一个紧邻沙滩的长泳池。酒吧很高档，你可以租一张舒适的躺椅加阳伞，享用种类繁多的饮品和美食。(☎0361-709959; Jl Pantai Muaya; 最低消费 200,000Rp; ⏲8:00~23:00; 📶)

了解当地

金巴兰的海鲜

想吃用柠檬和蒜汁腌制、用椰子壳烤制的巨大新鲜对虾？有！想要观赏日落后地平线上的那一抹彩霞？也有！繁星点点的夜空呢？还是有！供你坐在沙滩的舒适柚木椅子？可以有！冰爽的啤酒？依然有！漫步餐桌之间演奏玛卡莲那（macarena）旋律的乐手？好吧，就这个没有。不过**Warung Ramayana**（☎0361-702859；紧邻Jl Pantai Jimbaran；主菜80,000Rp起；⏲11:00~22:00）等沙滩海鲜烧烤是金巴兰夜晚体验不可或缺的一环，这里供应的海鲜都是当天一大早从海滩旁边市场上采购的新鲜货。

金巴兰有三片海鲜餐饮区，每晚供应新鲜的海鲜烧烤（许多餐馆也供应午餐），吸引着整个巴厘岛南部的旅行者。几乎所有餐馆都接受信用卡。露天餐饮区就在海滩旁，特别适宜享受海风、欣赏夕阳。沙滩上的餐桌和座椅几乎摆到水边。要在日落前到这里，这样才可以找个好位置，点几杯啤酒观赏夕阳美景，然后开始大快朵颐。

将海鲜装在不同类型的大盘子里然后明码标价，已经成为越来越普遍的做法，避免了过去那种糊弄游客的情况——挑完鱼上秤一称重，价格贵得让当地人笑话。不过，购买之前一定要先议定价格。通常来说，每人只需花费不到US$20，就能享受一顿丰盛的海鲜大餐、配菜及两三瓶啤酒。当然，如果选择了龙虾（US$30起），账单数字一定会直线上升。

▶ 北部海鲜餐饮区从鱼市开始，沿着Jl Kedonganan和Jl Pantai Jimbaran一路向南。这里的大多数摊位有些像餐厅，餐桌从店内一直摆到外面平整的海滩上来。然而，相比南边的两个餐饮区，这里始终缺少一些有趣的氛围。

▶ 中部海鲜餐饮区规模略小，但氛围更好，位于Jl Pantai Jimbaran和Jl Pemelisan Agung以南。这些海鲜排档属于最简单的那种旧式茅草顶凉亭，四面敞开。这里海滩的维护也不那么仔细，渔船就停靠在沙滩上。

▶ 南部海鲜餐饮区摊档密集，气氛热烈，十几家餐厅位于海滩最南端。

探索

乌鲁瓦图及周边

布科半岛的西海岸有许多冲浪点，堪称冲浪天堂，吸引着来自世界各地的弄潮儿。不过，多数旅行者完全是冲浪生手，主要还是来此享受悬崖下的宁静海滩。不要忘记去猴子成群的寺庙逛逛，这样你的乌鲁瓦图之旅才算圆满。

一日游行程

早些起床，看看能否赶在**乌鲁瓦图**（见87页）其他冲浪者还在补觉时独享适合冲浪的浪型。

花一个下午划船探索布科半岛的角落。**巴朗甘**（见85页）、**宾津**（见85页）和**帕当帕当**（见85页）等小海滩都值得一游，可以在路况不佳的道路上或者沿着悬崖边的小径和台阶做短程徒步。坐在沙滩椅休息一下，找家简易咖啡馆喝点儿冰凉爽口的饮品，再观看冲浪者们一显身手。

简单的廉价冲浪酒吧也好，时尚的精品酒店也罢，可待的地方凤毛麟角，入夜后很难看到人们玩乐（这里的夜生活实在太有限了）。不过日落时似乎所有的人都会去**乌鲁瓦图庙**（见87页）。这座寺庙及周边景致都属上乘，**舞蹈表演**（见91页）更是必看的节目。

顶级体验

乌鲁瓦图的海滩（见84页）

巴厘岛最佳

海滩

巴朗甘海滩（见85页）

帕当帕当海滩（见85页）

宾津海滩（见85页）

冲浪

宾津（见85页）

Impossibles（见88页）

乌鲁瓦图（见87页）

巴朗甘（见88页）

儿童旅行体验

乌鲁瓦图庙（见87页）

到达和离开

想探索布科半岛的话，你需要有自己的交通工具才行，可以搭乘出租车，也可以租小汽车或摩托车。

出租车 从库塔一水明漾地区开往乌鲁瓦图的出租车单程费用约200,000Rp。如果是日间游览的话，因为附近没有出租车，所以要安排好返程的交通。团队游行程通常都会包括乌鲁瓦图庙。

步行 各海滩之间相距较远，往来其间需要花些工夫。

顶级体验
乌鲁瓦图的海滩

布科半岛的西海岸海滩日益繁荣，是巴厘岛的热点区域之一。这些大多隐蔽在悬崖之下的白色沙滩阳光灿烂，堪称巴厘岛的最佳海滩。你可能要驾车沿着一条平淡无奇的道路行驶，再沿陡峭的斜坡爬下，但所有的辛苦都是值得的。在这些小海湾中选一处，懒洋洋地消磨一个下午，是必不可少的巴厘岛体验。

帕当帕当海滩

不要错过

巴朗甘海滩

巴朗甘海滩（Balangan Beach）是难得的享受。这一片长长的低地位于悬崖底部，棕榈成荫，几乎纯白的沙滩如绸带般蜿蜒在海边，间或点缀着白色的太阳伞，看上去风景如画。冲浪者酒吧（有些提供简陋的客房）、棚屋咖啡馆以及年头稍久的客栈沿着海岸排开，但看上去都不太牢固。海滩上来自发达国家的帅小伙们在第三世界的卫生环境中晒着日光浴。巴朗甘海滩距乌鲁瓦图主要公路6.5公里，途中路过Cenggiling。

宾津海滩

宾津（Bingin）的发展日新月异，这里有几家不俗的时尚住宿场所，分布在悬崖上下和白色的沙滩上。作为布科半岛的老牌冲浪点，宾津的休闲海滩景色非凡，也非常出名。乌鲁瓦图主要公路在小村Pecatu有一条分支，沿此柏油路走到有密集住宿场所标志的路口，然后转到一条长1公里的小路上，向一位上岁数的村民付“买路钱”之后，你就可以从主要停车场去海滩了。沿陡峭的台阶向下即到。

帕当帕当海滩

这处小海湾地方不大，魅力不小，位于乌鲁瓦图主要公路附近，一条小河在这里汇入大海。老练的冲浪者们为了这里的管浪纷至沓来。停车很方便，走上一小段路，路过一座神庙，再沿一条平整的小径就可以下到海边。如果你喜欢探险，可以去小河西边更长些的白沙滩。可以向当地人打听怎样前往。

☑ 独家贴士

- 多数海滩都有近岸的同名冲浪点。非冲浪者可以观赏冲浪者的英姿。
- 所有海滩都有不起眼的咖啡馆和摊贩。
- 乌鲁瓦图悬崖一带的冲浪点没有沙滩，但这里的咖啡馆带平台和躺椅，可以欣赏迷人景致。
- 如果你没有交通工具的话（这里基本上是摩托车的天下），别忘了事先安排出租车或包车在傍晚接你回程。

吃喝落脚点

坐在海滩上阴凉的高脚竹屋酒吧**Nasa Café**（餐 30,000Rp起；⌚8:00~23:00）里，从低垂的茅草屋顶下方能看见如蔚蓝缎带般的生动海景。从这里供应的印度尼西亚简餐就能猜到酒吧里4间极简陋客房（约200,000Rp）的大致情况了。这附近的住处都差不多。

详细介绍请见
顶级体验 84页
景点和活动 87页
就餐 88页
饮品 90页
娱乐 91页
0 1 km
0 0.5 miles
A
B
C
D
E
1
2
3
4
Balangan Beach 巴朗甘海滩
Balangan 巴朗甘 4
Jl Pantai Balangan
Bingin Beach 宾津海滩
Bingin 宾津 5
7
8
Jl Melasti
Impossibles 6
9
Padang Padang 帕当帕当 3
Padang Padang Beach 帕当帕当海滩
Jl Labuan Sait
Jl Pantai Suluban
10
11
Ulu Watu 乌鲁瓦图 2
ULU WATU 乌鲁瓦图
12
Pura Luhur Ulu Watu 乌鲁瓦图庙 1
Jl Ulu Watu

MASTER2 / GETTY IMAGES ©

乌鲁瓦图庙

景点和活动

乌鲁瓦图庙

印度教寺庙

1 见86页地图，B4

这座重要的神庙矗立在半岛西南端陡峭的崖顶，笔直的悬崖直插入波涛汹涌的海浪中。你需要穿过一道与众不同的拱门才能进入，拱门两侧由印度教中的象神（Ganesha）雕像拱卫。寺庙里面，用珊瑚砖砌成的墙装饰着精雕细刻的巴厘岛神话动物。（Pura Luhur Ulu Watu；紧邻Jl Ulu Watu；成人/儿童 30,000/20,000Rp，停车2000Rp；8:00~19:00）

乌鲁瓦图

冲浪

2 见86页地图，A3

乌鲁瓦图有巴厘岛最大、最强的海浪，来这里冲浪可能是美梦，也可能是噩

独家贴士

可恶的猴子

乌鲁瓦图庙是许多灰毛猴子的家园。这群贪吃的小家伙在没有忙着谈情说爱的时候，就会抢走你的太阳镜、手提包、遮阳帽或者任何能够抓到的东西。当然，如果你想引发一场骚乱，就给它们剥根香蕉吧……

梦，绝对不适合初学者！自20世纪70年代初出现在传奇的冲浪电影《地球的早晨》（*Morning of the Earth*）中后，乌鲁瓦图吸引了来自世界各地的冲浪爱好者，他们来挑战这里不断翻滚的左手浪。（Ulu Watu）

帕当帕当

冲浪

3 见86页地图，B2

这个非常浅的左手礁岩浪型就在高人气的同名海滩旁，岸上几处摇摇晃晃的住宿场所可供你在此歇脚观浪。下海冒险前一定要了解浪的高度。这里对技术要求很高，只有在半潮至涨潮浪高达6英尺以上时，才可以冲浪。（Padang Padang）

STHAPORN KAMLANGHAN / SHUTTERSTOCK ©

乌鲁瓦图庙的猴子（见87页）

巴朗甘

冲浪

4 见86页地图，D1

绵长的巴朗甘海滩附近是同名的浅礁岩快速左手浪，退潮时无法冲浪，而半潮时4英尺的浪高则比较适宜，浪高达到8英尺时，这里堪称经典。（Balangan）

宾津

冲浪

5 见86页地图，C2

考虑到要从孤零零的停车区下到宾津海滩，就算你没把冲浪板背下山也情有可原，不过还是带着的好。这里半潮时的海浪达到6英尺时，浪型最佳，当不长但堪称完美的左手管浪到来时，你最好请岸上的人录下你的踏浪英姿。（Bingin）

Impossibles

冲浪

6 见86页地图，C2

就在帕当帕当以北，这处离岸较远的礁岩浪型颇具挑战性，理想状况下会有三个变化的浪峰和连为一体的快速左手管浪。

就餐

Cashew Tree

咖啡馆 $

7 见86页地图，C2

这里是宾津消遣的好地方，冲浪爱好者和海滩游客都喜欢坐在咖啡店的大花园里，享用可口的素食菜肴。玉米卷饼（burritos）、沙拉、三明治和冰沙都非常值得期待。这里也适宜享用饮品。周四晚

了解当地

巴厘岛的历史

巴厘岛上，石器时代遗留下来的人类遗迹极少，不过可以肯定的是，这座岛屿在史前时期很早就有人类居住了。到了9世纪，巴厘岛上出现了一个运用复杂灌溉系统（与如今的灌溉系统非常相似）种植水稻的文明，岛上的人们也已经开始发展他们丰富多彩的文化和艺术传统。随着文化大发展，印度教开始兴起，而后来的几百年间，当伊斯兰教的影响席卷相邻的爪哇岛后，四面楚歌的印度教国家满者伯夷（Majapahit）的国王及其臣民渡海来到巴厘岛，并于1478年最终退出历史舞台。祭司尼拉塔（Nirartha）将印度教中的许多教规引入岛上。

欧洲人的到来

1597年，荷兰水手成为首批踏上巴厘岛的欧洲人。当时，巴厘岛的繁荣和艺术活动至少在皇室之中达到了顶峰。到了18世纪，巴厘岛各王公之间的龃龉令该岛的统治分崩离析。1846年，荷兰军队在巴厘岛北部登陆；抗争的焦点逐渐转向南部，1906年，荷兰军舰现身沙努尔（Sanur）。尽管巴厘岛人民奋起反抗，荷兰军队仍然登陆成功，并在1908年完成了对该岛的完全控制。成千上万的巴厘岛人，包括王室成员和神职人员在内，在战斗中宁愿自杀，也不愿接受被占领的命运。巴厘岛处在荷兰统治之下，成为荷属东印度群岛的一部分，但岛上几乎没有任何发展，对普通民众来说，荷兰殖民者与王公的统治并无太大差异。

自由

1942年，日本人占领了巴厘岛，岛民的处境在“二战”期间格外凄惨。1945年8月，日本投降几天后，杰出的民族主义者苏加诺（Sukarno）宣告印度尼西亚独立。巴厘岛和其他地区的战斗如火如荼，荷兰人终于放弃，并于1949年承认印度尼西亚的独立。巴厘岛上的机场，就是以卓越的自由战士古斯提·努拉·莱伊（Gusti Ngurah Rai）命名的。旅游业自20世纪70年代初开始迅速发展，给岛上带来了翻天覆地的变化，有些方面更好，有些方面更差。不过，即便每年的游客数量已达300万人次，巴厘岛的独特文化仍是韧性十足，引人注目。

上异常火爆，现场音乐吸引来很多周边的游客。（☎0813 5321 8157；www.facebook.com/the-cashew-tree；Jl Pantai Bingan；餐40,000Rp起；⏰8:00~22:00；📶✍）

Drifter

咖啡馆 $

8 🍴 见86页地图，C3

这是水明漾很棒的冲浪商店新开张的分店，就在通往宾津的路口处。这里有一个相当好的咖啡馆，驾车路过很容易被它吸引。店里出售所有Drifter的冲浪商品，你还可以坐在室内外的餐桌旁品尝布科半岛最可口的咖啡和各种小吃、健康午餐和诱人的蛋糕。（driftersurf.com；Jl Labuan Sait；主菜 50,000Rp起；⏰10:00~22:00）

了解当地

乌鲁瓦图庙的重要意义

乌鲁瓦图庙是巴厘岛南部沿岸供奉海神的重要神庙之一。11世纪时，爪哇祭司恩普·库图兰（Empu Kuturan）首先在这里建立了神庙。后来另一位爪哇祭司尼拉塔继续在此扩建，他还以在Tanah Lot、Rambut Siwi、Pura Sakenan等地修建海神庙而著称。尼拉塔在生命最后的日子里回到了乌鲁瓦图，并在轮回中得到了解脱。

Mango Tree Cafe

咖啡馆 $$

9 🍴 见86页地图，C2

这家两层楼的咖啡馆供应种类丰富的健康食品，如三明治、美味汉堡、新鲜沙拉、汤和早餐玉米卷饼，还有可口的果汁，酒单也相当不错。可以选择芒果树下的餐桌。店主Maria慷慨大方，令人心情舒畅。（☎0813 5309 8748；Jl Labuan Sait 17；主菜 50,000~120,000Rp；⏰7:00~22:00）

Single Fin

咖啡馆 $$

10 🍴 见86页地图，B3

在这家三层高的咖啡馆观赏到的冲浪场景，可谓惊心动魄。你可以在这个悬崖边上的咖啡馆里临印度洋观沧海，叹无尽浪涛汹涌而来。这里也是一个观看冲浪健儿劈波斩浪的绝佳地点。这里的饮品价格不便宜，食物也差强人意，但在夕阳西下时，谁又会在乎这些呢？

周日有大型活动，届时俊男靓女都会来此尽情享受美好的夜晚。旺季需要预订。（☎0361-769941；www.singlefinbali.com；Jl Mamo；主菜 65,000~150,000Rp；⏰8:00~23:00；📶）

饮品

Delpi

咖啡馆

11 🍷 见86页地图，A3

这是一家气氛悠闲的咖啡馆兼酒吧，高踞悬崖上，与其他咖啡馆相距较远，景色无与伦比。店里一个餐区就位于波

乌鲁瓦图庙的克差舞

涛上方一处突起的岩石上矗立的巨大蘑菇状水泥体上。咖啡馆供应简单的食物。(⏲7:00~20:00; 📶)

娱乐

克差舞

舞蹈

12 ★ 见86页地图，B4

尽管很明显是专门为游客准备的，但在乌鲁瓦图庙内，葱郁院落里这个小小的圆形露天剧场布景华丽，使其成为这个岛上给人印象最深的体验之一。这里的海景与舞蹈一样让人沉醉。在旺季，舞蹈表演非常受欢迎，观者如云。(Kecak Dance; Pura Luhur Ulu Watu，紧邻Jl Ulu Watu; 100,000Rp; ⏲日落)

探 索

杜亚岛和南湾

杜亚岛在崇尚大型度假村的假日旅行者中极受欢迎，因为这里的大型度假村无处不在。一旦经过大门口的保安人员，你就进入一片无比开阔、精心布置的区域，会将巴厘岛上其他地方抛诸脑后。杜亚岛以北的南湾略显破败，这里多数是适合举家入住的中档度假酒店，自有一番更加天然的海滩度假地氛围。

一日游行程

一大早就马不停蹄：先参加Bumbu Bali Cooking School的课程去市场转转，再到南湾的**Benoa Marine Recreation**（见97页）等众多水上运动中心折腾个浑身湿透。跨上香蕉船，快乐的时光总是过得飞快。

下午在**海滨步行道**（见95页）徜徉，也可以去**杜亚岛**（见95页）冲浪。然后去树荫遮蔽的**太平洋博物馆**（见95页）细细端详美丽的巴厘岛艺术品，或者去做水疗放松身心。每座度假村都有高档水疗场所，你可以在水明漾**Jari Menari**的本地分店（见95页）充分体验水疗带来的享受。

到了夜间，可以忽略众多度假村附设餐馆，前往**Bumbu Bali**（见96页）享用美味的巴厘岛菜肴。之后你可能想再到海滨步行道走走，领略月光下漫步的乐趣，看看平静的近岸海面上闪烁的波光灯影，如诗如幻。

巴厘岛最佳

就餐

Bumbu Bali（见96页）

儿童旅行体验

Benoa Marine Recreation（见97页）

博物馆和美术馆

太平洋博物馆（见95页）

到达和离开

出租车 从机场乘出租车费用为150,000~175,000Rp，抵离水明漾的出租车费用与之相当。要注意的是，通往巴厘岛其他地区的主路可能极为拥堵。

步行 一条漂亮的海滨步行道几乎从杜亚岛一直延伸到南湾。此外，杜亚岛有许多宽敞的人行道，而南湾的Jl Pratama大街对步行者来说则危机四伏。

A
B
C
D
1
2
3
4
5
0 1 km
0 0.5 miles
详细介绍请见
景点和活动 95页
就餐 96页
饮品 97页
Jl Pratama
9
8
Teluk Benoa
博诺阿湾
5 Bumbu Bali Cooking School
Jari Menari 4
Sri Lanka Beach
斯里兰卡海滩
Selat Badung
Jl Ngurah Rai Bypass
Jl Pratama Raya
2 Beach Promenade
海滨步行道
NUSA DUA
杜亚岛
BIMC Hospital
Pasifika Museum
1 太平洋博物馆
Golf Course
6 高尔夫球场
Jl Raya Bvalu Ungasan
BUALU
Jl Srikandi
Pantai Mengiat
Jl Terompong
3 Nusa Dua
杜亚岛
高尔夫球场
7
Jl Pura Gegar

景点和活动

太平洋博物馆 博物馆

1 见94页地图，C4

当住在附近度假村的旅行团尚未到来时，你甚至可以独享这座宏大的博物馆。这里收藏着几个世纪以来关于太平洋文化的艺术藏品，包括600多幅绘画作品，千万不要错过提基神像（tikis）。20世纪早期欧洲艺术家在巴厘岛产生的巨大影响，在博物馆得到了充分体现。你可以找一找阿里·斯密特（Arie Smit）、勒迈耶（Adrien-Jean Le Mayeur de Merpres）和西奥·迈耶（Theo Meier）的作品。这里还有马蒂斯（Matisse）和高更（Gauguin）的作品。（Pasifika Museum; ☎0361-774559; www.museum-pasifika.com; Bali Collection shopping centre, block P; 70,000Rp; ⏰10:00~18:00）

海滨步行道 徒步

2 见94页地图，C3

杜亚岛上最美的一大特色景观就是长达5公里的海滨步行道，它以南部的Pura Gegar为起点，穿过了整个度假地，向北延伸到南湾。（Beach Promenade）

杜亚岛 冲浪

3 见94页地图，D5

雨季，海水拍击杜亚岛近岸的珊瑚礁形成持续的浪涌。主要的冲浪点距杜亚岛南部海滩1公里远，就在盖加尔海滩（Gegar Beach）近岸，你可以乘船前往。

Bumbu Bali的菜肴（见96页）

落潮至半潮时有不错的左手浪和右手浪。（Nusa Dua）

Jari Menari 水疗

4 见94页地图，B2

这是水明漾名店的分支，由专业的男性员工提供同样优质的按摩。打电话给店家可免费接送。（☎0361-778084; www.jarimenarinusadua.com; Jl Pratama; 按摩385,000Rp起; ⏰9:00~21:00）

Bumbu Bali Cooking School 烹饪

5 见94页地图，B2

这家口碑极佳的烹饪学校在同名餐厅

里开办，旨在让学员们掌握巴厘岛烹饪的精髓。课程从6:00带领学生去金巴兰鱼市和早市采购原料开始，然后在大厨房中教授课程，最后以享用午餐收尾。(☎0361-774502; www.balifoods.com; Jl Pratama; 课程不含/含参观市场 US$105/118; ⏲周一、周三和周五 6:00~15:00)

就餐

Bumbu Bali

巴厘菜 $$

常年居住于此的烹饪书籍作家海因茨·冯·霍尔岑(Heinz von Holzen)曾和妻子Puji，还有那些训练有素、热情洋溢的员工在这家一流餐厅(见5 ◎ 94页地图，B2)亲手制作各种精美可口的菜肴。许多食客会选择丰盛的套餐。(☎0361-774502; www.balifoods.com; Jl Pratama; 主菜 100,000Rp起，套餐 295,000Rp起; ⏲正午至21:00)

Warung Dobiel

巴厘菜 $

6 见94页地图，B4

这家餐厅在平淡无奇的街道食肆中显得格外地道，是品尝烤乳猪(babi guling)的好地方。猪肉汤会让你舌尖上的味蕾绽放，用各种香料制作的波罗蜜更是香味扑鼻。食客们随意就坐，拼桌用餐。服务速度有时很慢，并且旅行团可能会霸占这个地方。小心专为外国人制定的价格。(☎0361-771633; Jl Srikandi 9; 餐 40,000Rp起; ⏲10:00~15:00)

Nusa Dua Beach Grill

各国风味 $$

7 见94页地图，B5

这个暖色调的咖啡馆(藏在Mulia度假村中)位于盖加尔海滩的南边，非常适合一日游的短途旅客。这里有种类多样的饮品、新鲜的海鲜和令人陶醉的轻松海滩氛围。(☎0851 0043 4779; Jl Pura Gegar; 主菜 80,000Rp起; ⏲8:00~22:30)

Bali Cardamon

亚洲菜 $$

8 见94页地图，B1

这家店的口味在Jl Pratama一带的餐厅中首屈一指。这是一家雄心勃勃的餐厅，厨房极具创意，博采亚洲各地烹饪风格之长。这里的精彩菜肴包括八角茴香五花肉等。可以选择在鸡蛋花树下或是在餐厅里用餐。(☎0361-773745;

当地生活

博诺阿的宗教场所

博诺阿(Benoa)是个令人着迷的小渔村，非常适宜步行游览。漫步于半岛尽头的狭窄巷道，你会享受到一场多元文化的盛宴。一座颜色鲜艳的中国佛寺、一座穹顶清真寺和一座有精雕细刻的三重门的印度寺庙彼此相距不足100米。你还可以欣赏通往港口的繁忙水道。博诺阿也有阴暗的一面，尽管警方的突袭有助于遏制违法行为，小巷里仍暗中进行着海龟非法交易。

了解当地

南湾的水上运动

Jl Pratama沿线的多家水上运动中心可以安排日间潜水、游船、风帆冲浪和滑水等运动项目。每天早上，成群结队的大巴从巴厘岛南部各处运来大批一日游的旅行者；到了10:00，可以看到很多滑翔伞飘荡在海面上空。

这些地方都会有花言巧语的销售人员，在茅草屋顶的销售中心和咖啡馆内向你推销梦想中的香蕉船之旅，使你听得云山雾罩。在签约之前，一定要检查设备和资质证书，此前曾发生游客因意外事故丧生的事情。

可靠的水上运动运营商包括**Benoa Marine Recreation**（0361-772438；www.bmrbali.com；Jl Pratama；8:00~16:00）。非常神奇的是，所有经营者的报价都所差无几。要注意，所谓的“官方”价格只是讨价还价的起步点。这里的活动包括（标价为平均价格）：

乘坐香蕉船 可乘坐两人，这是一段非常狂野的乘船之旅，你必须在劈波斩浪时牢牢抓住充气水果船才行（每15分钟US$20）。

乘坐玻璃底船 不用下水就能看到浅海中的海洋生物（每小时US$50）。

水上摩托 在水面飞驰，留下一阵烟雾（每15分钟US$25）。

帆伞 典型运动，快艇牵引着你像风筝一样在海面上空“飞翔”（每15分钟US$20）。

浮潜 价格包括装备和前往珊瑚礁的船费（每小时US$35）。

想在海滩上放松的话，可以前往餐馆**Tao**（0361-772902；www.taobali.com；Jl Pratama 96；主菜 60,000~100,000Rp；8:00~22:00；），在这里，只需购买一杯饮品，就可以享受度假村品质的沙滩椅和泳池。

www.balicardamon.com；Jl Pratama 97；主菜55,000~120,000Rp；8:00~22:00）

饮品

Atlichnaya Bar 酒吧

9 见94页地图，B1

与其他呆板的酒店酒吧不同，这家欢悦愉快的地方提供种类众多、价格实惠的混合饮品，甚至还有按摩（50,000Rp起）。另供应便宜可口的印度尼西亚和西餐菜肴。（0813 3818 9675；www.atlichnaya.com；Jl Pratama 88；8:00至深夜；）

探 索

沙努尔

早在100多年前，就有西方艺术家落户巴厘岛的沙努尔一带。这也很容易理解：长长的海滩有礁石拱卫，沙滩上棕榈婆娑，凉爽的海风拂面，特别适合家庭游客。沙努尔并非派对城镇，寻找宁静的旅行者可以得偿所愿。

一日游行程

你可以迎着朝阳去**沙努尔海滩**（见101页）转转，观看人们用传统方式捕鱼，再到**Surya Water Sports**（见102页）玩水。要么就来点儿真格的，在**Crystal Divers**（见102页）考个水肺潜水执照。

你可以一边欣赏隔海相望的蓝梦岛和珀尼达岛，一边悠然地享用午餐。**Warung Pantai Indah**（见103页）和**Warung Mak Beng**（见103页）在当地人气很高。过了正午，棕榈树的影子在海滩上逐渐变长，这时是去**Jamu Wellness**（见102页）享受水疗的好时候；也可以去逛逛商店，Jl Tamblingan街道两旁店铺林立，如出售巴厘岛本土设计的**A-Krea**（见105页）和提供完美泳池边读物的**Ganesha Bookshop**（见105页）。

Jl Tamblingan两旁的晚餐选择也很多，你可以去**Pregina Warung**（见104页）尝尝印度尼西亚菜肴，或者到**Three Monkeys Cafe**（见103页）享用亚洲美食，后者有时晚上有现场爵士乐表演。最后去**海滨步行道**（见103页）漫步，欣赏月光下的海景。

巴厘岛最佳

海滩

沙努尔海滩（见101页）

身体护理

Jamu Wellness（见102页）

Power of Now Oasis（见101页）

潜水和浮潜

Crystal Divers（见102页）

Surya Water Sports（见102页）

儿童旅行体验

沙努尔海滩（见101页）

Surya Water Sports（见102页）

巴厘岛风筝节（见102页）

到达和离开

出租车 从机场乘坐出租车，费用约110,000Rp。

步行 你可以沿着美丽的海滨步行道走遍沙努尔，主干道Jl Tamblingan也适宜步行。

穿梭巴士 Kura-Kura旅游巴士（www.kura2bus.com）有线路往来于沙努尔和该公司位于库塔的枢纽站。巴士每2小时1班，费用为40,000Rp。

A
B
C
D
1
2
3
4
5
详细介绍请见
景点和活动 101页
就餐 103页
饮品 104页
购物 105页
0 500 m
0 0.25 miles
Jl Hang Tuah
Jl Hang Tuah
Jl Danau Bratan
Jl Danau Buyan
Jl Segara Ayu
Jl Danau Tondano
Jl Pantai Sindhu
Jl Ngurah Rai Bypass
Jl Pantai Karang
Jl Danau Tamblingan
Jl Tirtanadi
Jl Duyung
Jl Danau Poso
Jl Kesumasari
1 Museum Le Mayeur 勒迈耶美术馆
2 Sanur Beach 沙努尔海滩
3
4 Jamu Wellness
5 Crystal Divers
6 Surya Water Sports
7
8 Glo Day Spa & Salon
9
10
11
12
13
14
15
16
17
18
19
Selat Badung

MARCO BOTTIGELLI / GETTY IMAGES ©

沙努尔海滩

景点和活动

勒迈耶美术馆

博物馆

1 见100页地图，C1

艺术家勒迈耶（1880~1958年）于1932年来到巴厘岛，并在3年后娶了15岁的漂亮黎弓舞舞者尼·波洛可（Ni Polok）。他们就住在美术馆所在的地方，那时沙努尔还是个安静的渔村。勒迈耶去世后，尼·波洛可依然居住在这里，直到1985年去世。尽管存在安全（勒迈耶的一些绘画作品价值US$150,000）和保护问题，这里还是陈列着将近90幅勒迈耶的绘画作品。（Museum Le Mayeur; 0361-286201; Jl Hang Tuah; 成人/儿童 20,000/10,000Rp; 周六至周四 8:00~15:30，周五 8:30~12:30）

沙努尔海滩

海滩

2 见100页地图，C5

沙努尔海滩向西南方向蜿蜒超过5公里。海滩相当干净，整体而言也非常宁静，与小镇本身很像。近海的礁石意味着海浪在拍打岸边时已经变成了轻柔的碎浪。除了极少数煞风景的个例外，沙滩沿线的度假村都非常朴实无华，使海滩不那么拥挤。（Sanur Beach）

Power of Now Oasis

瑜伽

3 见100页地图，B5

一边眺望沙努尔海滩，一边在这个很有氛围的竹亭里享受你的瑜伽课程。课程分为不同水平，日出时分的瑜伽课

独家贴士

沙努尔上空的风筝

你用耳朵就能感知到空中的风筝：这些巨大的风筝长10米以上，有些更拖着100米长的尾巴，很多风筝都带有风哨，发出怪异的嗡嗡声或蜂鸣声。

每年7月，来自巴厘岛及世界各国的几百支风筝队云集于沙努尔北部的开阔空地，参加**巴厘岛风筝节**（Bali Kite Festival）。他们展开激烈的竞争，角逐各种荣誉奖项，如最佳原创设计和最长飞行时间等。**Pantai Padang Galak**是主要的活动中心，从沙努尔沿海岸线北上约1公里即是。每年5月至9月，你都可以看到巴厘岛式风筝在空中飞翔。

程很热门。（☎0813 3831 5032；www.powerofnowoasis.com；Beachfront Walk，Hotel Mercure；课程100,000Rp起）

Jamu Wellness 水疗

4 见100页地图，C3

这家令人感到宾至如归的水疗场所新增了几家豪华住所，提供各种身体护理服务，包括极受欢迎的Earth and Flower Body Mask和Kemiri Nut Scrub。（☎0811 389 9930；www.jamutraditionalspa.com；Jl Danau Tamblingan 140；按摩1小时350,000Rp；⏲9:00~21:00）

Crystal Divers 潜水

5 见100页地图，C4

这个老牌的潜水机构有自己的酒店（Santai）和一个大型潜水池。店里提供种类多样的课程，包括PADI（专业潜水教练协会）公开水域课程（US$500），非常适合初学者。（☎0361-286737；www.crystal-divers.com；Jl Danau Tamblingan 168；潜水US$65起）

Surya Water Sports 水上运动

6 见100页地图，C5

这是海滨几家水上运动机构中规模最大的一家。你可以进行帆伞运动（每次US$25）、乘船浮潜（2小时US$50）或者租一艘皮划艇，在平静的水域划船（每小时US$15）。（☎0361-287956；www.balisuryadivecenter.com；Jl Duyung 10；⏲9:00~17:00；👪）

巴厘岛兰花园 花园

7 见100页地图，B1

由于巴厘岛气候温暖，火山土壤肥沃，兰花在这里生长得十分繁茂。在这座花园中，你可以看到长在各种环境里的几千种婀娜多姿的兰花。花园在Jl Ngurah Rai路旁，位于沙努尔以北3公里处，过了与海滨道路的大交叉路口就是，在前往乌布的途中，非常方便。（Bali Orchid Garden；☎0361-701988；www.baliorchidgardens.com；Coast Rd；100,000Rp；⏲8:00~18:00）

Glo Day Spa & Salon 水疗

8 见100页地图，B5

这里是沙努尔当地外籍人士的水疗首选场所，风格朴实无华，店面十分清爽。服务和护理种类非常全面，从护肤到美甲，再到按摩和水疗，一应俱全。(☎0361-282826；www.glo-day-spa.com；Jl Danau Poso 57, Gopa Town Centre；按摩1小时195,000Rp起；⏰8:00~18:00)

就餐

Three Monkeys Cafe 亚洲菜 $$

9 见100页地图，C3

这是一家乌布优秀餐馆在这里开设的分店，但它可不是简单的原样照搬。餐馆分上下两层，背景音乐是舒缓的爵士乐，有时夜晚还会举行现场表演。这里远离公路，你可以坐在沙发或椅子上，畅享醇美的咖啡。富有创意的菜单上有各种西式菜肴以及亚洲各地风味。(☎0361-286002；www.threemonkeyscafebali.com；Jl Danau Tamblingan；餐58,000~105,000Rp；⏰11:00~23:00；📶)

Char Ming 亚洲菜 $$

10 见100页地图，B5

这家店提供融合了法国风味的亚洲创意菜，每日菜单布告板上列出了当天特选的可供烧烤的新鲜海鲜。不妨考虑当地菜肴，许多都带有现代风味。这个时尚抢眼的地方装饰着繁茂的植物，以及从爪哇岛和巴厘岛老建筑上拆下来的精致木雕。(☎0361-288029；www.charming-bali.com；Jl Danau Tamblingan N97；餐60,000~250,000Rp；⏰17:00~23:00)

Warung Pantai Indah 咖啡馆 $$

11 见100页地图，C4

这家历久弥新的海滩咖啡馆有直接摆在沙滩上的破旧桌椅，主打新鲜的海鲜烧烤与价格实惠的当地菜肴。(Beachfront Walk；主菜30,000~110,000Rp；⏰9:00~21:00)

Warung Mak Beng 巴厘菜 $

12 见100页地图，C1

在这家本地人热捧的餐馆里，你根本无须菜单——必点菜就是声名远扬的烤鱼(ikan laut goreng)，会搭配各种配菜以及可口的汤。上菜很快，空气中弥漫着香味，来这里的食客都吃得心满意足。(☎0361-282633；Jl Hang Tuah 45；餐

当地生活

沙努尔的海滨步行道

沙努尔有巴厘岛最早的海滨步行道(beachfront walk)，从开放的第一天开始，它就深受当地人和旅行者的喜爱。这条步行道总长超过4公里，蜿蜒经过度假村、海滨咖啡馆、维修中的木渔船以及富有侨民修建的优雅老别墅，这些人在数十年前被巴厘岛迷住并来此定居。在漫步时，你可以远眺海对面的珀尼达岛(Nusa Penida)。

35,000Rp；⏲8:00～21:00）

Pregina Warung
巴厘菜 $$

13 见100页地图，C3

经典巴厘风味鸭肉菜肴和沙嗲肉串等流行菜，都是这家餐厅有趣菜单上的当家菜品，这里供应的当地菜肴品质要远远高于许多千篇一律的旅游餐厅，任意一道鸭肉菜品都值得品尝。餐室内有简洁而时尚的木质装饰，还有许多巴厘岛的老照片。（☎0361-283353；Jl Danau Tamblingan 106；主菜40,000～80,000Rp；⏲11:00～23:00）

Byrdhouse Beach Club
各国风味 $$

14 见100页地图，C2

这里有躺椅、一个游泳池、一家餐馆和酒吧，还有乒乓球桌，可供你高高兴兴地在海滩待一整天。你可以在会所的Facebook网页上查询近期活动，包括露天电影放映和街边大排档。（☎0361-288407；www.facebook.com/byrdhousebeachclubbali；Segara Village，Sanur Beach；主菜60,000Rp起；⏲6:00至午夜；📶）

饮品

Fire Station
小酒馆

15 见100页地图，B5

这家开放式的小酒馆洋溢着复古的好莱坞氛围。墙上挂着20世纪60年代的好莱坞肖像画，你甚至会以为年轻的电影演员丹尼斯·霍珀（Dennis Hopper）没

了解当地

沙努尔的统治者和艺术家

在"二战"之前，西方人探索开发了巴厘岛，沙努尔也成为他们最喜爱的地方之一。艺术家米格尔·珂弗罗皮斯（Miguel Covarrubias）、勒迈耶和沃尔特·斯皮斯（Walter Spies），以及人类学家简·贝洛（Jane Belo）和舞蹈家凯瑟琳·梅尔尚（Katharane Mershon），都在这里待过不少时间。在20世纪40年代和50年代，巴厘岛上最早的客栈在沙努尔出现，紧接着，更多退隐的外籍人士在沙努尔安家落户了。当时，沙努尔由一批目光远大的祭司和学者管理，他们清楚地看到旅游业扩大在带来机遇的同时，也将带来威胁。他们建立了乡村合作社，以管理土地、经营旅游业，保证经济发展带来的利益能够有相当一部分留在当地社区。

祭司的影响现在仍然非常强大，沙努尔迄今为止仍是少数几个由婆罗门种姓管理的社区之一。这里以巫师和传统治疗者而远近闻名，还是各种善恶巫术的中心。沙努尔的标志就是一种被当地人称为kain poleng的布料，黑白格子象征着善良和邪恶的平衡。

PETER PTSCHELINZEW / GETTY IMAGES ©

勒迈耶美术馆花园中的雕塑（见101页）

准在屋后出没。这里有大罐装的桑格里厄（sangria）汽酒和其他有趣的饮品，菜单上有各种特色菜，酒吧简餐很不错。建议点杯爽口的比利时Duvel啤酒。（☎0361-285675；Jl Danau Poso 108；主菜 80,000Rp起；⏰16:00至深夜）

Kalimantan 酒吧

16 见100页地图，B2

这家老牌酒馆有老电影《南太平洋》（*South Pacific*）里迷人的茅草顶，是这条街上的几家休闲酒吧之一。在葱郁的大花园中，你可以坐在棕榈树下享受价格实惠的饮品。墨西哥风味食物以自家种植的辣椒为特色。（Borneo Bob's；☎0361-289291；Jl Pantai Sindhu 11；主菜 40,000Rp起；⏰7:30~23:00）

购物

Ganesha Bookshop 书籍

17 见100页地图，C3

这里是巴厘岛最好书店的分店，适合严谨的读者。（www.ganeshabooksbali.com；Jl Danau Tamblingan 42；⏰8:00~21:00）

A-Krea 服装

18 见100页地图，C3

A-Krea是一个购买纪念品的好地方，其店面非常吸引人，销售种类繁多的巴厘岛设计、制造的商品。服装、饰品、家庭用品等都是手工制作的。（☎0361-286101；Jl Danau Tamblingan 51；⏰9:00~21:00）

Goddess on the Go 服装

19 见100页地图，C3

店如其名，为热爱旅行的女士设计的服装超级舒适，许多服饰是用有机纤维制成的。（☎0361-270174；www.goddessonthego.net；Jl Danau Tamblingan；⏰9:00~20:00）

顶级体验

蓝梦岛

到达和离开

船 从沙努尔出发的公共快船每天3班，单程票价150,000Rp（40分钟）。旅游快船由Scoot（www.scootcruise.com；单程 成人/儿童 400,000/280,000Rp）等公司运营。

迷人的蓝梦岛是组成珀尼达群岛的三座岛屿之一，与沙努尔和巴厘岛东部隔水相望。对很多人来说，这里就是求而不得的巴厘岛：位于海滩的住宿、便宜的啤酒、无与伦比的夕阳、日复一日的冲浪和潜水、夜复一夜的埋头阅读新书或者结识新朋友。你可以远离灯光绚烂的巴厘岛南部，花一两天时间细细品味蓝梦岛的乐趣。

不要错过

君古特巴图海滩

漂亮的弧形白沙滩旁边是清澈蔚蓝的海水，还可以眺望对岸巴厘岛上的阿贡火山（Gunung Agung）。村庄本身十分宜人，没有汽车，有安静的小巷和两三座寺庙。

蘑菇湾

美丽的Tanjung Sanghyang俗称“蘑菇湾”（Mushroom Bay），这个名字源自近岸的蘑菇珊瑚。这里有一片新月形的耀眼白沙滩。从君古特巴图（Jungutbatu）到这里最有趣的方式，就是从主海滩南端沿着小路步行过来，顺海岸线走上1公里左右。

潜水和浮潜

岛屿周边有出色的潜水点，从浅珊瑚礁和避风的珊瑚礁到适合对技术要求很高的放流潜水的地点，不一而足，最好的潜水点包括蓝梦岛附近的**Blue Corner**和**Jackfish Point**。位于Pondok Baruna的**World Diving**（☎0812 390 0686; www.world-diving.com; Jungutbatu Beach; 体验式潜水 940,000Rp，开放水域课程5,500,000Rp）口碑很好，这里提供全套潜水课程，以及前往三座岛屿周边潜水点的潜水之旅。蘑菇湾近海、**Bounty Pontoon**附近以及岛屿北岸近海都有不错的浮潜点。

冲浪

在这里冲浪最好是选择东南风盛行的旱季（4月至9月）。这里绝对不适合初学者，即便是对高手来说也是很危险的。这里的三处主要礁岩浪型的名字都很贴切，由北向南依次是**沉船**（Shipwrecks）、**割伤**（Lacerations）、**游乐场**（Playgrounds）。

☑ 独家贴士

- 这里有许多简单的客栈，还有几家小型的高端酒店。
- 浮潜或出海前往几处冲浪点可以包船，费用每小时150,000Rp起。
- 多数地点步行前往非常方便，租自行车每天的费用为30,000Rp。
- 岛上没有可靠的自动柜员机。
- 步行环岛需要一整天的时间。

吃喝落脚点

餐饮普通、景色迷人的海滩咖啡馆不计其数，出类拔萃的是**Indiana Kenanga**（☎0828 9708 4367; www.indiana-kenanga-villas.com; Jungutbatu Beach; 房间 US$150~650; ❄📶🏊），看着就像是从时尚杂志照搬下来的。这里全天供应海鲜，厨艺高超的主厨烹饪的菜肴可以带给你各种惊喜。

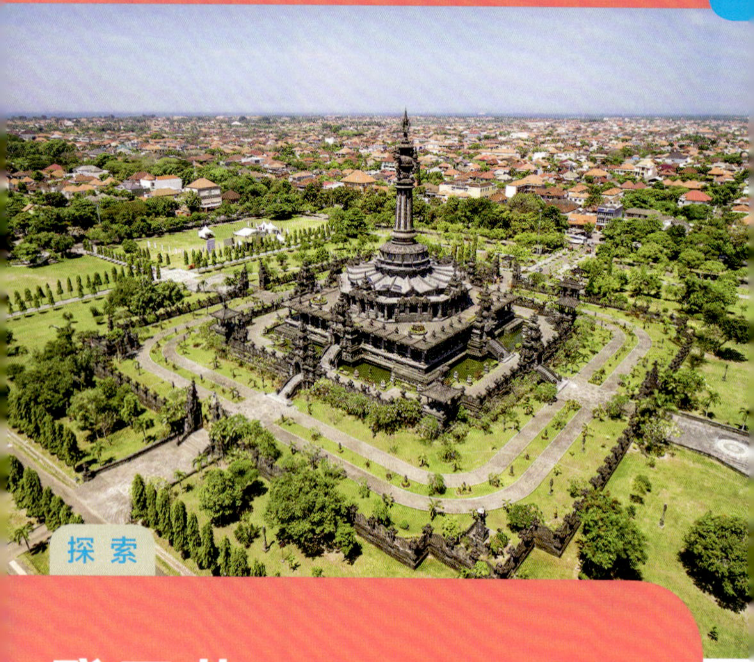

探索

登巴萨

登巴萨这个巴厘岛的首府不应该被旅行者们忽略，它覆盖了巴厘岛南部的大部分地区，岛上居民大多居住于此。这里的街道混乱无序，公园面积巨大，宽阔的林荫大道有几分气派。登巴萨还分布着巴厘岛几座主要的博物馆和最大的市场，以及多家出色的餐厅。

一日游行程

巴东市场（见113页）和**昆巴萨里市场**（见113页）值得一逛，两处市场在早晨商品最齐全，水果和蔬菜最水灵，供奉神灵用的鲜花也最鲜艳。

在众多当地餐馆中任选一家吃午饭，**Nasi Uduk Kebon Kacang**（见113页）和**Depot Cak Asmo**（见112页）都很不错，供应的当地菜肴最地道，即便是挑剔的巴厘岛人也会满意。午餐之后，到包罗万象的**巴厘省博物馆**（见111页）、意义非凡的**贾格那塔庙**（见112页）和引人入胜的**八加山迪纪念塔**（见111页；见左图）充分领略巴厘岛的历史和文化。

对旅行者而言，登巴萨是从巴厘岛南部和乌布各处出发的精彩一日游目的地。但到了傍晚，就没什么理由继续待在这里了。

巴厘岛最佳

就餐

巴东市场（见113页）

Men Gabrug（见113页）

购物

巴东市场（见113页）

博物馆和美术馆

巴厘省博物馆（见111页）

到达和离开

公共汽车 登巴萨是巴厘岛的公共交通枢纽，你可以在这里乘坐各趟公共汽车和小型公共汽车前往巴厘岛各地。

步行 在主要的市场和巴厘省博物馆之间步行往来非常方便。多数餐馆都在雷农，距市场步行较远，可以乘出租车前往，费用为15,000Rp。

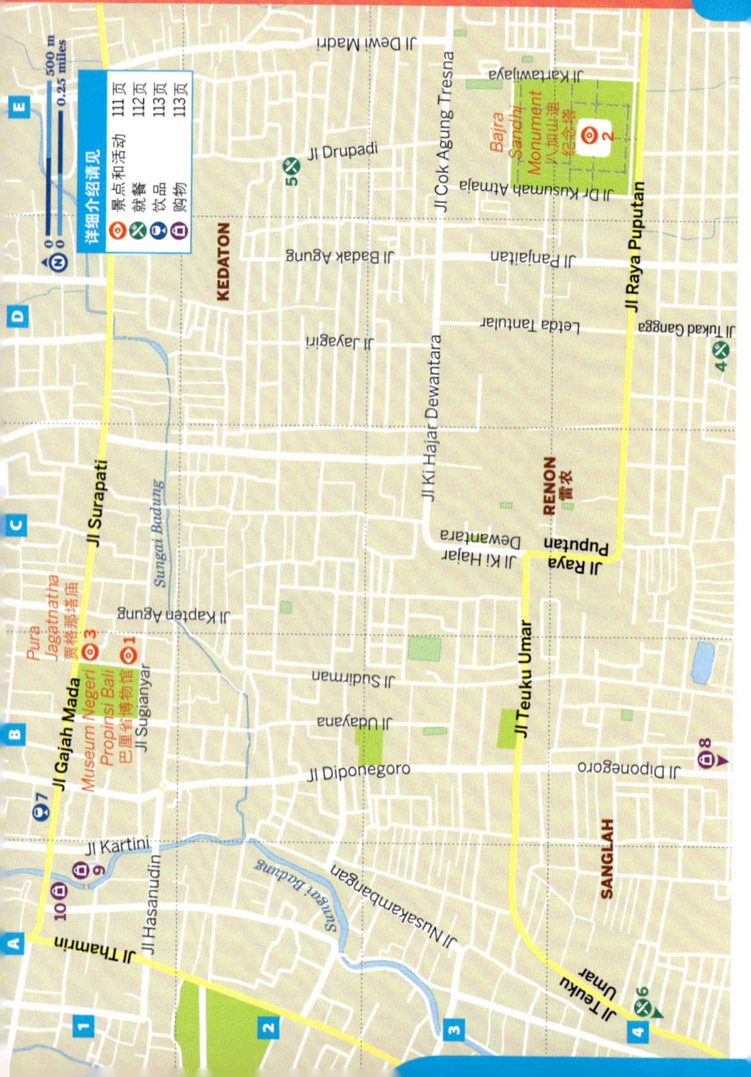

详细介绍请见
景点和活动 111页
就餐 112页
饮品 113页
购物 113页
0 500 m
0 0.25 miles
KEDATON
RENON
雷农
SANGLAH
Bajra Sandhi Monument
八加山迪纪念塔
Pura Jagatnatha
贾格那塔庙
Museum Negeri Propinsi Bali
巴厘省博物馆
Sungai Badung
Jl Gajah Mada
Jl Surapati
Jl Thamrin
Jl Kartini
Jl Hasanudin
Jl Sugianyar
Jl Kapten Agung
Jl Diponegoro
Jl Udayana
Jl Sudirman
Jl Nusakambangan
Jl Teuku Umar
Jl Raya Puputan
Jl Ki Hajar Dewantara
Jl Cok Agung Tresna
Jl Dewi Madri
Jl Drupadi
Jl Badak Agung
Jl Jayagiri
Jl Kartawijaya
Jl Dr Kusumah Atmaja
Jl Panjaitan
Letda Tantular
Jl Tukad Gangga

ALEKSANDAR TODOROVIC / SHUTTERSTOCK ©

贾格那塔庙（见112页）

景点和活动

巴厘省博物馆

博物馆

1 见110页地图，B1

不妨将这里看成是展示巴厘岛文化的大英博物馆或美国史密森尼（Smithsonian）博物馆。这里应有尽有，不过与那些世界级的知名博物馆不同，许多展品需要你自己来分门别类，策展水准亟待提升（这里也需要装些新灯泡）。大多数展品有英文标签。博物馆由多座建筑和展馆构成，大多是典型的巴厘岛建筑风格，藏品包括史前文物、传统手工艺品、巴龙（神话中的狮狗兽）、祭祀用品和丰富的纺织品展览。（Museum Negeri Propinsi Bali；☎0361-222680；成人/儿童 20,000/10,000Rp；⏰周六至周四 8:00~16:00，周五 8:30~12:30）

八加山迪纪念塔

纪念碑

2 见110页地图，E4

作为一座很受欢迎的公园的核心景观，这座纪念塔体积巨大，名字也同样意义非凡。在这座有些像婆罗浮屠（Borobudur）的建筑内部，陈列着表现巴厘岛历史的实景模型。值得注意的是，在描述1906年与荷兰人作战的画作中，巴东的国王完全被描绘成了活靶子。通过旋转楼梯到达塔顶，可以饱览360度的全景。（Bajra Sandhi Monument，Monument to the Struggle of the People of Bali；☎0361-264517；Jl Raya Puputan, Renon；成人/儿童 20,000/10,000Rp；⏰9:00~18:00）

了解当地

负责任的旅行

在巴厘岛要注意旅行者的责任，力求把对当地环境及岛民多元文化的影响控制在最低限度。

注意用水 在印度尼西亚，水资源总是供不应求，即便是在巴厘岛这样满目青翠的地方也是如此。接受酒店的节水倡议，床单和毛巾无须每天清洗。

不要使用塑料瓶 Aqua（Danone公司旗下的当地顶级品牌瓶装水）瓶装水喝起来很方便，但是会产生垃圾。直接饮用自来水并不安全，可以问一下酒店，看是否可以从装饮用水的大容器中灌装。有些环保意识强的商家已经开始提供这种服务。

支持具有环保意识的商家 致力于良好环保行为的商家数量正在迅速增加。

节约用电 电灯与空调不用就关。

购物时带上自己的包 拒绝使用塑料袋，也别用塑料吸管。

还动物以自由 与圈养海豚同游、骑大象、光顾野生动物表演之前要三思而行，这些行为都是动物福利专家明言对动物有害的行为；也不要抚摸、投喂野生动物或以其他方式与之互动，因为这会对它们的本能行为造成影响乃至伤害。

贾格那塔庙 印度教寺庙

3 见110页地图，B1

这是一座国立寺庙，于1953年修建，供奉着至高无上的神明桑扬威迪（Sanghyang Widi）。这座庙宇的重要意义部分体现在它对一神论的阐述。虽然巴厘岛人承认许多神明的存在，但信仰唯一的至高无上的神明（可能有多种化身），使巴厘岛印度教遵从潘查希拉（Pancasila，印度尼西亚建国五项原则）中的第一原则“信仰唯一真神”。（Pura Jagatnatha；Jl Surapati；门票免费）

就餐

Depot Cak Asmo 印度尼西亚菜 $

4 见110页地图，D4

与公务员和附近大学的学生们一同品尝忙碌的厨师们烹制的美味佳肴吧。可以试试以telor asin（蛋液与大蒜的神奇组合）裹糊炸制的鱿鱼（cumi cumi），黄油味十足，口感酥脆。水果口味的冰饮沁人心脾。英语菜单方便点菜。这是家清真餐馆，所以不供应酒。（☎0361-798 9388；Jl Tukad Gangga；主菜15,000Rp起；⏰9:30~22:30）

Men Gabrug

巴厘岛菜 $

5 见110页地图，E2

巴厘岛上无论老少都爱吃的一道甜品就是jaje laklak（露天铸铁锅烙的米粉煎饼，有椰子香味）。这个就在路边现做现卖的家庭餐馆是最适宜品尝这种食品的地方。（Jl Drupadi；小吃 10,000Rp起；8:00~18:00）

Nasi Uduk Kebon Kacang

印度尼西亚菜 $

6 见110页地图，A4

这家临街的咖啡馆一尘不染，供应nasi uduk（芳香扑鼻的椰浆饭，配上新鲜的花生酱）和lalapan（简单的新鲜柠檬罗勒叶子沙拉）等爪哇美食。鸡肉类菜肴口碑相当好。（0812 466 6828；Jl Teuku Umar 230；餐 12,000~25,000Rp；8:00至午夜）

饮品

Bhineka Djaja

咖啡

7 见110页地图，B1

这个店面是巴厘岛咖啡公司（Bali's Coffee Co）的所在地，销售本地种植的咖啡豆，能够制作相当出色的浓缩咖啡。你可以在两张小小的咖啡桌旁一边品尝香浓咖啡，一边看着登巴萨老旧主路上车来车往。（0361-224016；Jl Gajah Mada 80；咖啡 7000Rp；周一至周六 9:00~16:00）

购物

Jepun Bali

纺织品

8 见110页地图，B4

这里就像是专为你开设的巴厘省博物馆，Gusti Ayu Made Mardiani采用传统工艺织造的endek（用于制作传统纱笼）、金锦缎（songket）等布料在当地享有盛名。你可以前往她的好客之家兼工作室，看看古老织机如何操作，然后参观五彩缤纷的丝绸和棉布制品。她住在登巴萨南部。（0361-726526；Jl Raya Sesetan, Gang Ikan Mas 11；致电预约）

巴东市场

市场

9 见110页地图，A1

巴厘岛最大的食品市场正在从2016年的火灾中逐步恢复。重建工作仍在进行，周边有许多临时搭建的摊位。这里在晨间和晚间非常热闹，是个可以四处逛逛并讨价还价的好地方。你会发现来自全岛各地的农产品和食品，只管在种类丰富的水果和香料中徜徉吧。（Pasar Badung；Jl Gajah Mada；6:00~17:00）

昆巴萨里市场

市场

10 见110页地图，A1

这座大型市场就在巴东市场的河对面，有大量的手工艺品、无数鲜艳的布料以及装饰着黄金的服饰等各种商品。注意：由于多家商场的存在，市场的生意深受影响，因此许多摊档已是人去摊空。（Pasar Kumbasari；Jl Gajah Mada；8:00~18:00）

探索

乌布

使巴厘岛从许多海滩目的地中脱颖而出的正是文化、稻田以及当地人与生俱来的魅力——乌布确实具有这样的特质。在这里，你可以充分领略巴厘岛丰富的艺术和舞蹈传统。此外，这里也有大量奢华水疗和众多出色餐馆，给人们带来余味无穷的享受。

一日游行程

日出时就起床，步行穿越乌布的稻田。再从**Freak Coffee**（见128页）或**Coffee Studio Seniman**（见129页）等多家出色的咖啡馆中选一家，一边品尝美味咖啡，一边绞尽脑汁想想还有什么词语能描述刚刚欣赏过的青翠和美丽。然后就去Jl Dewi Sita街道两旁的精品店购物。

在**Moksa**（见127页）吃顿健康午餐，要么就在**Warung Teges**（见127页）品尝正宗当地美味。然后去做身体护理：在**Yoga Barn**（见119页）练瑜伽，到**Taksu Spa**（见124页）体验各种疗法，也可以去**Ubud Sari Health Resort**（见124页）享受奢华的按摩服务。

不去领略乌布有名的舞蹈文化，这一趟就算白来了。选择适合自己口味的舞蹈表演，体会巴厘岛核心文化。之后在**Locavore**（见126页）、**Mozaic**（见128页）、**Pica**（见127页）等美味餐馆吃晚饭。乌布的夜生活并不丰富：在欣赏过月光下的稻田后，呼吸着山区清新的空气好好睡一觉；要么就去**Laughing Buddha**（见129页）欣赏西方音乐。

想体验乌布当地人的一天，见118页。

顶级体验

游览乌布的稻田（见116页）

当地生活

美妙的乌布一日（见118页）

巴厘岛最佳

身体护理

Yoga Barn（见119页）

Taksu Spa（见124页）

Ubud Sari Health Resort（见124页）

就餐

Locavore（见126页）

Mozaic（见128页）

Pica（见127页）

Nasi Ayam Kedewatan（见128页）

Warung Teges（见127页）

到达和离开

出租车 从机场乘坐有行业组织的出租车到乌布，费用为300,000Rp；包车去机场，费用与之相当。

步行 乌布最适宜步行游览，不过到处都有说着“transport”提供交通工具的当地人，视距离远近收费20,000~40,000Rp。

顶级体验

游览乌布的稻田

若想充分领略世界的美好，没有什么堪比步行穿越乌布的青翠稻田。这些碧绿的古老梯田从山坡层层叠叠一直延伸至下方奔涌的河流，景色之美令人叫绝。漫步其间，你会听到蛙声、虫鸣和水渠中的汩汩流水组成的动人合奏。多数稻田一年种植三季水稻。即便是短途步行，你也可以看到娇嫩的秧苗、水稻拔节抽穗期的绿色海洋，还有已经成熟的沉甸甸的稻穗等不同景象。

不要错过

独自徒步

从卡姆普安（Campuan）的Ibah Luxury Villas车道出发，取道向左，这里有一条步行道路，通往河对岸不大又静谧的古农勒巴庙（Pura Gunung Lebah）。沿水泥路向北，爬上两条河之间的山脊，极目四望，满眼尽是依山而造、错落有致的乌布稻田。

Bali Bird Walks

这个高人气**团队游**（☎0361-975009；www.balibirdwalk.com；Jl Raya Campuan；团队游 含午餐 US$37；⏲周二、周五、周六和周日 9:00~12:30）项目由Victor Mason开创，吸引了大批观鸟爱好者。这段清早的步行游相当轻松，可以让你观察到当地100多种鸟类中的30余种。出发地点在Jl Raya Campuan路旁、从前的Beggar's Bush Bar处。

Herb Walks

耗时3小时的**步行游览**（☎0812 381 6024；www.baliherbalwalk.com；步行游览 每人 200,000Rp；⏲8:30）穿行于巴厘岛繁茂的山水间，在自然环境中辨别、了解各种药用和食用的草药和植物。费用中包括草药饮品。

Banyan Tree Cycling

参加这个一日**团队游**（☎0813 3879 8516；www.banyantreebiketours.com；团队游 成人/儿童 US$55/35起）可以让你前往乌布山区的偏僻村庄游览。团队游由当地人组织，强调与村民的互动。

有所发现

乌布看似到处都在开发，不过一旦从主路沿小巷下到低处，还是能经常看到碧绿的稻田，足以令你惊喜。Jl Bisma甚至Monkey Forest Rd沿线都是如此。

☑ 独家贴士

- 穿越稻田的时候，可以跟在成群的鸭子后面。如果哪条路不通，你可以按原路返回。
- 携带饮用水，戴遮阳帽，穿舒适的鞋子，还要带上应付下午阵雨的雨具。
- 尽量在破晓前开始徒步，那时天气不热。
- 有些具备商业头脑的稻农在自家田地里设立了穿行收费口。你可以选择绕行，或者付费通过（千万不要超过10,000Rp）。

吃喝落脚点

在乌布景色如画的稻田漫步途中，你一定很想吃点儿东西。Bali Buda有一个有机市场和**面包房**（www.balibuda.com；Jl Raya Ubud；⏲8:00~20:00），有各种美味点心供你打包（小吃10,000Rp起）。蓝莓松饼特别好吃。

当地生活

美妙的乌布一日

在乌布，水疗、购物、咖啡馆、市场、寺庙、舞蹈，还有其他许多乐趣可以供你体验。我们设计了一段完美的漫步行程，无论你在此地盘桓数日还是仅做一日游，都可供你领略以上各种乐趣。这条路线穿过城镇中心，一路上保你有无数发现。

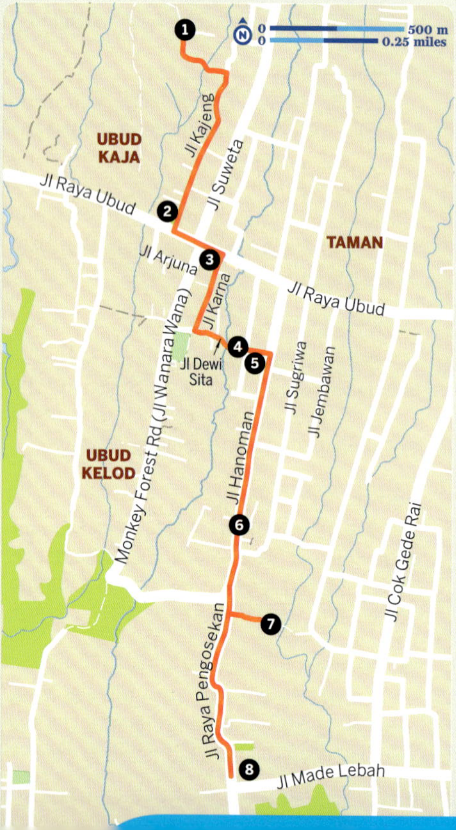

❶ 由内到外的洁净

乌布的护理和水疗场所实在太多，没有个好方法很难理清头绪。不过最适宜体验身体护理的第一站，当属**Ubud Sari Health Resort**（见120页地图；☎0361-974393；www.ubudsari.com；Jl Kajeng 35；按摩 1小时 200,000Rp起；⏲9:00~20:00），这里的意义大于形式，环境优美，草药种类齐全。

❷ 乌布的水宫

乌布水宫（Pura Taman

Saraswati；见120页地图；Jl Raya Ubud；门票免费）是位于乌布中心区域的一片绿洲，也是城里景色最美的地方之一。水从寺庙后面流出来，注入盛开着美丽荷花的池塘里。这里常有拿着画笔想留住美景的艺术爱好者。任凭外面的道路上车水马龙，你在这里都可享受宁静。

❸ 乌布隐秘的农贸市场

在人满为患、充斥着便宜货的乌布市场（Ubud Market）东南角，坐落着这个真正靠谱的**农贸市场**（Produce Market；Jl Raya Ubud；⏲6:00~13:00）。尽早过来，你会看到乌布顶级主厨为采购食材跟摊贩讨价还价。逛逛巴厘岛种类繁多的新鲜农产品，再数数有多少种你叫不出名字的水果。

❹ Dewi Sita的创意

曲折的街道Jl Dewi Sita相对更短，坡度较大，两旁有多家乌布最具创意的商店。手造纸张、珠宝、芬芳的美容产品等各种物品都可以在这些小巧的精品店里找到。

❺ 在Locavore to Go吃午餐

现在到了午饭时间。在Dewi Sita久负盛誉的**Locavore**（见120页地图，D5；☎0361-977733；www.restaurantlocavore.com；Jl Dewi Sita；5道/7道菜套餐 675,000/775,000Rp；⏲正午至14:00和18:00~22:00；🅿❄📶）享用晚餐，可能需要提前几个月订位，但到该餐馆开设的临街咖啡馆**Locavore to Go**（Jl Dewi Sita；主菜 50,000~120,000Rp；⏲8:30~18:00；📶）吃午饭却没有这么麻烦。这家简约的咖啡馆餐食更为简单，早午餐菜式中包括总店美味的熟食。

❻ 在Jl Hanoman购物

乌布有不计其数的艺术品商店、服饰精品店和画廊。其中有些最有趣的店铺就在Jl Hanoman街边。沿着这条长长的斜街慢慢逛吧，看看自己有怎样的发现。许多商店的老板就是商品的设计师。逛累了可以从众多小咖啡馆中选一家歇歇脚。

❼ Yoga Barn

在乌布你会有这种感觉：人们要么是在学瑜伽，要么是在教瑜伽。即便你尚不属于以上这两个群体，你也可以在行业标杆、魅力与日俱增的**Yoga Barn**（☎0361-971236；www.theyogabarn.com；紧邻Jl Raya Pengosekan；课程 130,000Rp起；⏲7:00~20:00）做做瑜伽，搭上这阵风潮。

❽ 舞蹈表演

在乌布，几乎每晚都有文化演出活动，哪怕你只在这里待一天，也应该在回南部的酒店或别墅前看一场晚间的表演。**Arma Open Stage**（☎0361-976659；Jl Raya Pengosekan）吸引了一些最优秀的演出团体，是观看舞蹈的最佳场地之一。

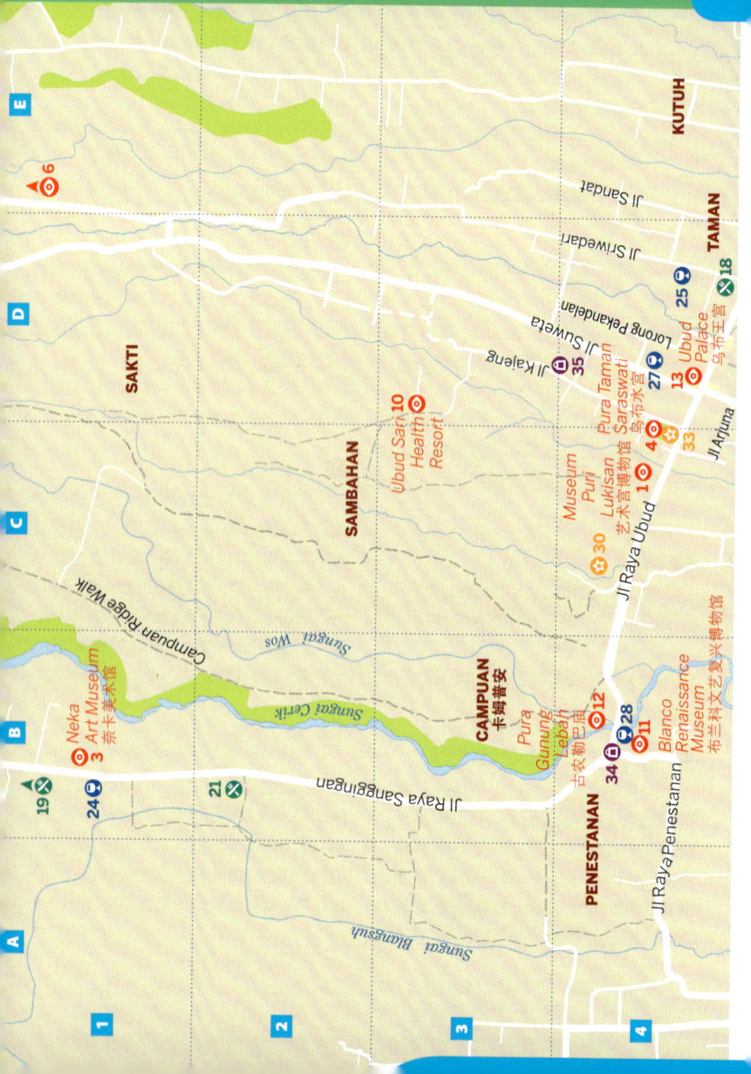
A
B
C
D
E
1
2
3
4
SAKTI
SAMBAHAN
CAMPUAN
卡姆普安
PENESTANAN
KUTUH
TAMAN
Neka Art Museum
奈卡美术馆
Ubud Sari Health Resort
Pura Gunung Lebah
古农勒巴庙
Museum Puri Lukisan
艺术宫博物馆
Pura Taman Saraswati
乌布水宫
Ubud Palace
乌布王宫
Blanco Renaissance Museum
布兰科文艺复兴博物馆
Campuan Ridge Walk
Sungai Wos
Sungai Cerik
Sungai Blangsuh
Jl Raya Sanggingan
Jl Raya Ubud
Jl Raya Penestanan
Jl Sandat
Jl Sriwedari
Lorong Pekandelan
Jl Suweta
Jl Kajeng
Jl Arjuna
1
3
4
6
10
11
12
13
18
19
21
24
25
27
28
30
33
34
35

详细介绍请见
景点和活动 122页
就餐 126页
饮品 128页
娱乐 130页
购物 130页
0 500 m
0 0.25 miles
Jl Raya Ubud
Jl Bisma
Gang Beji
Jl Karna
Jl Goutama
Jl Sugriwa
Jl Jembawan
Jl Sukma
Jl Hanoman
Monkey Forest Rd (Jl Wanara Wana)
Jl Raya Pengosekan
Jl Nyuh Bulan
Jl Cok Gede Rai
Jl Made Lebah
Sungai Wos
PADANGTEGAL
PENGOSEKAN
NYUHKUNING
7 Casa Luna Cooking School
9 Taksu Spa
2 Sacred Monkey Forest Sanctuary
圣猴林保护区
8 ARMA
阿贡拉伊艺术馆
5 Agung Rai Museum of Art
阿贡拉伊艺术馆

景点和活动

艺术宫博物馆

博物馆

1 见120页地图，C4

乌布是现代巴厘岛艺术运动的肇始地，那时艺术家们第一次开始放弃纯粹的宗教主题和王室题材，而开始描绘日常生活场景。这座博物馆展示着各种巴厘岛艺术流派的典范，所有的展品都有英文注解。它是由鲁道夫·伯尼特（Rudolf Bonnet）、Cokorda Gede Agung Sukawati（乌布皇室的王子）和沃尔特·斯皮斯（Walter Spies）共同创建的。（Museum Puri Lukisan, Museum of Fine Arts; ☎0361-975136; www.museumpurilukisan.com; 紧邻Jl Raya Ubud; 成人/儿童 85,000Rp/免费; ⏲9:00~17:00）

独家贴士

乌布骑行

乌布中心的许多商店和酒店可出租山地自行车，租金通常为每天35,000Rp，但是可以商量。假如不知道去哪里租车，你可以在酒店打听打听，一会儿就会有人推着自行车出现在你面前。

总体来说，这里的陆地被向南流淌的几条河分隔成几块，因此东西走向的路线往往在穿过河谷的时候比较起伏；南北走向的路线就在河流之间，比较容易走，但来往车辆较多。乌布的大多数景点都可以骑车到达。

骑自行车是参观乌布周边地区众多博物馆和文化场所的最佳方法，不过你必须考虑乌布南部交通状况会给你带来的不便。

圣猴林保护区

公园

2 见120页地图，C7

这片丛林凉爽而浓密，正式的名称是Mandala Wisata Wanara Wana，里面有三座神圣的庙宇。这个保护区里生活着600多只猴子——千万不要被宣传册上它们的单纯表情和迷人眼神所迷惑，这群灰毛长尾的巴厘猕猴其实“贪得无厌”。有趣的**祖灵庙**（Pura Dalem Agung）就坐落在森林中。（Sacred Monkey Forest Sanctuary, Mandala Wisata Wanara Wana; ☎0361-971304; www.monkeyforestubud.com; Monkey Forest Rd; 成人/儿童 40,000/30,000Rp; ⏲8:30~18:00）

奈卡美术馆

美术馆

3 见120页地图，B1

这座博物馆由巴厘岛艺术品私人收藏家和经销商Suteja Neka创立，馆内有种类丰富的出色藏品，是了解巴厘岛绘画艺术发展的窗口。你可以在**巴厘岛绘画展厅**（Balinese Painting Hall）大致了解本土画派的各种不同风格。可以留意皮影戏（wayang）相关展品。（Neka Art Museum; ☎0361-975074; www.museumneka.com; Jl Raya Sanggingan; 成人/儿童 50,000Rp/免费; ⏲周一至周六 9:00~

JOHN ELK III / GETTY IMAGES ©

乌布水宫

17:00，周日 正午至17:00）

乌布水宫

印度教寺庙

4 见120页地图，C4

从寺院后面流出来的水注入了前面的池塘，池塘里盛开着美丽的荷花。寺内装饰着各种雕刻，以纪念智慧和艺术女神萨拉斯瓦蒂（Dewi Saraswati），显然这位神祇格外眷顾乌布。这里定期举办晚间舞蹈表演。（Pura Taman Saraswati; Jl Raya Ubud; 门票免费）

阿贡拉伊艺术馆

美术馆

5 见120页地图，D8

阿贡拉伊艺术馆由阿贡拉伊（Agung Rai）创建，集博物馆、美术馆和文化中心于一体，令人印象深刻。该馆是巴厘岛上唯一能欣赏到极具影响力的德国艺术家沃尔特·斯皮斯那些难忘画作的地方。此外，这里还陈列着许多名家作品。博物馆坐落在几栋传统建筑内，花园环绕，水渠中小溪汩汩流淌。展品都有详细的英文说明。（Agung Rai Museum of Art，简称ARMA；☎0361-976659; www.armabali.com; Jl Raya Pengosekan; 成人/儿童 含饮品60,000Rp/免费；⏲9:00~18:00，巴厘岛舞蹈 周一至周五 15:00~17:00，课程 周日 10:00）

Balinese Farm Cooking School

烹饪

6 见120页地图，E1

你可以在乌布以北18公里处的乡村

地区无拘无束地待上一天，学学怎样烹饪巴厘岛美食。这个备受推崇的烹饪课程在一个花园葱郁的村庄中开展，由热衷于有机农业的村民经营。这些课程介绍了当地农产品和食品，并且针对游客进行了精心设计：香草都是种在抬高的苗床里，因此无须弯腰查看；还有其他类似的人性化设计。(☎0812 3953 4446; http://balinesecooking.net; Banjar Patas, Taro; 1天课程400,000Rp)

Casa Luna Cooking School 烹饪

7 见120页地图，C5

这所学校会定期开设烹饪课程，地点就在Honeymoon Guesthouse和**Casa Luna restaurant**(☎0361-977409; www.casalunabali.com; Jl Raya Ubud; 餐50,000Rp起; ⌚8:00~22:00)。半天课包括认识食材、了解烹饪技巧和巴厘厨房艺术的文化背景(注意，并非所有课程都包括参观市场)。每天的学习重点均不相同，你也可以参加多日学习。这里还设有团队游项目，其中很不错的一个是前往吉安雅夜市(Gianyar Night Market)。(☎0361-973282; www.casalunabali.com; Honeymoon Guesthouse, Jl Bisma; 课程450,000Rp起)

阿贡拉伊艺术馆 文化游

8 见120页地图，D8

这座文化殿堂里开设有绘画、木雕、加美兰音乐和蜡染(batik)等课程，另开设巴厘岛历史、印度教和建筑等方面的课程。(☎0361-976659; www.armabali.com; Jl Raya Pengosekan; 课程US$25起; ⌚9:00~18:00)

Taksu Spa 水疗

9 见120页地图，D5

这里提供种类繁多的奢华治疗，同时也以瑜伽见长。有供情侣按摩的私密按摩室和一个令人倍感轻松的健康咖啡馆，此外还开设了多种课程。Taksu非常受欢迎，正着手在别处开设分店。(☎0361-479 2525; www.taksuspa.com; Jl Goutama; 按摩375,000Rp起; ⌚9:00~21:00)

Ubud Sari Health Resort 水疗

10 见120页地图，D3

这家店融水疗和酒店于一身，很靠谱，有“全身净化”等多种有机护理服务，许多护理都主打肠道清理。除了丰富多样的日间水疗和身体护理服务之外，这里还有酒店住宿套餐。(☎0361-974393; www.ubudsari.com; Jl Kajeng 35; 按摩1小时200,000Rp起; ⌚9:00~20:00)

布兰科文艺复兴博物馆 博物馆

11 见120页地图，B4

安东尼奥·布兰科(Antonio Blanco, 1912~1999年)与迈克尔·杰克逊(Michael Jackson)的合照说明了一切。布兰科超现实主义的新文艺复兴风格的宏伟住宅和与他同名的博物馆，反映出这位艺术家夸张的精神世界。布兰科从西班牙转道菲律宾来到巴厘岛。作为一位类似达利(Dalí)的古怪艺术家，他因表现主

了解当地

表达尊重

巴厘岛因其淳朴的风土人情而享有当之无愧的美誉，因此你更有理由尊重当地人。如果你付出真诚努力的话，他们会宽容地原谅你的失礼。注意尊重当地民情，穿着和行为要得当，特别是在乡村和宗教场所。如果拿捏不准，时刻记住“适度”和“谦虚”两项准则就好了。

谨记

- 巴厘岛上随处可见穿短裤和裙子的当地人，但过于暴露的服装还是令人难以接受，比如赤膊外出，一边畅饮啤酒一边在大街上游荡。
- 巴厘岛海滩上有许多女性赤裸上身，巴厘岛人会因外国人不必要的裸体而感觉受到冒犯。
- 不要触摸任何人的头，头部被认为是灵魂所在之处，神圣不可侵犯。
- 一定要用你的右手传递物品，双手并用会更好。不要仅用左手，它被认为是不洁的。
- 说话时双手不要放在臀部，这是一种蔑视、愤怒或攻击的信号（正如传统舞蹈和歌剧中表现的那样）。
- 召唤某人需手掌向下摆动手掌，手掌向上的招呼方式被认为是非常粗鲁的。
- 不要做出赠送礼品、书籍和照片等承诺后很快就忘记，否则那些可怜的当地人会每天检查他们的信箱或电子邮箱。
- 如果参观寺庙或清真寺，要遮住肩膀和膝盖。在巴厘岛，通常捐赠少量金额，寺院便可提供一条传统围巾、腰带（selandong）或一件纱笼，有时已包含在门票内。
- 如果女性处于经期、孕期或最近刚分娩，则不得进入寺庙。在这些时候，女人被认为是宗教意义上的不洁（sebel）。
- 不要让自己比祭司高，尤其是在节日时（比如爬上墙拍照）。

了解当地

水疗、瑜伽、治疗师及其他

乌布到处都是美容沙龙和水疗中心，可以让你治疗疾病、护理身体、恢复精力或者满足其他身体和精神方面的需要。享受水疗按摩是很多旅行者行程中的必选项目。每年新的水疗按摩、瑜伽和其他治疗的场所层出不穷。这里的相关从业人员很多，人人都能了解最新的流行趋势（Bali Buddha外面的告示牌会让你眼花缭乱）。可以尝试一些新的疗法，如“pawing”（抓挠）。但知道答案后，你会后悔发问的。你或许还希望能找到一位balian（传统治疗师）。

巴厘岛瑜伽节（Bali Spirit Festival; www.balispiritfestival.com; 每日通票 US$150; ⏲3月/4月初）是一个极受欢迎的瑜伽、舞蹈和音乐节日，主办者是乌布Yoga Barn的业内人士。节日期间举行100多个讲习班和音乐会，还有一个市集和其他活动。通常在4月初举行，但也可能在3月末开始。

义艺术，以及运用各种风格和媒介创作的题画诗而闻名。进入博物馆前，你可以欣赏沿途的瀑布和奇异的鸟类，以及河边的美丽景色。（Blanco Renaissance Museum; ☎0361-975502; www.blancomuseum.com; Jl Raya Campuan; 成人/儿童 80,000Rp/免费; ⏲9:00~17:00）

古农勒巴庙

印度教寺庙

12 见120页地图，B4

这座历史悠久的神庙屹立于Sungai Cerik河两条支流交汇处的一块突出巨石上（街道名campuan的意思就是“两条河流”），近来经过了大规模修整。周围环境极佳，你可以在此听流水潺潺，欣赏令人印象深刻的多层神龛（meru），以及许多繁复精美的雕刻。（Pura Gunung Lebah; 紧邻Jl Raya Campuan）

乌布王宫

宫殿

13 见120页地图，D4

这座宫殿及其寺庙**Puri Saren Agung**（Jl Raya Ubud和Jl Suweta交叉路口; 门票免费）位于乌布的中心地带。这处建筑群主要是在1917年地震后建造的，当地王室仍然住在这里。这里面积很大，大部分区域都开放，你可以徜徉其中，探索传统但并不过于奢华的建筑。（Ubud Palace; Jl Raya Ubud和Jl Suweta交叉路口; 门票免费; ⏲8:00~19:00）

就餐

Locavore

创意菜 $$$

14 见120页地图，D5

这里是乌布的美食殿堂，食材在当地采购，是镇上最难预订的一家餐厅，需要提前好几周预订。精选赏味套餐最多可

达9道菜，你甚至可以在这个美食天堂里慢慢享用3个小时。开放式的厨房里，有主厨Eelke Plasmeijer和Ray Adriansyah施展高超技艺，好好欣赏他们的表演吧（适合一边喝酒一边看）。（☎0361-977733；www.restaurantlocavore.com；Jl Dewi Sita；5道菜/7道菜套餐 675,000/775,000Rp；⏰正午至14:00和18:00~22:00；P ❄ 📶）

Pica

南美菜 $$$

15 见120页地图，D5

一对年轻夫妇将南美风味带到乌布，最终成就了这家口碑很好的乌布餐厅。在开放式厨房中，各种丰富的食材被接连不断地打造成令人食指大动的美味。酵母面包味道一流。（☎0361-971660；Jl Dewi Sita；主菜 160,000~300,000Rp；⏰周二至周日 11:00~22:00）

Warung Teges

巴厘菜 $

16 见120页地图，E8

这里的米饭配菜（nasi campur）比乌布其他地方的都要好吃。从猪肉香肠到鸡肉，再到烤乳猪（babi guling），甚至印尼豆豉（tempeh），所有的一切都恰到好处。这里的参巴酱堪称传奇：新鲜，味道浓烈，辣得刚刚好。（Jl Cok Rai Pudak；主菜 25,000Rp起；⏰8:00~18:00）

Moksa

素食 $$

17 见120页地图，A5

这里的理念是"农场到餐叉再到农场"。餐馆的食材基于自家的永续农场，蔬菜经过简单处理就烹制而成出色的菜肴，经常是生食或半生食。菜式常换，主打坚果奶酪和香蒜酱调味、高人气的"Lasagne Love"。餐馆位于农场之中，质朴又雅致。（☎0361-479 2479；www.moksaubud.com；Gang Damai, Sayan；主菜 40,000~80,000Rp；⏰周二至周日 10:00~21:00）

Hujon Locale

印度尼西亚菜 $$

18 见120页地图，D4

这是乌布最令人愉快的餐厅之一，工作团队来自水明漾广受好评的餐厅Mama San。菜肴多是融入了现代创意元素的印度尼西亚传统风味，如亚齐咖喱虾，或者苏门答腊慢炖咖喱羊肉等。餐馆

TOONMAN / GETTY IMAGES ©

乌布的市场

位于一座别致的殖民地风格的两层别墅里，你一定会在这里度过一个美好的夜晚。鸡尾酒相当好。（☎0361-849 3092；www.hujanlocale.com；Jl Sriwedari 5；主菜110,000~200,000Rp；⏰正午至22:00；📶）

Nasi Ayam Kedewatan 巴厘菜 $

19 见120页地图，B1

当地人在跋涉上山经过Sayan后，都会在这间巴厘岛风格的路边餐厅停下歇歇脚。这里的招牌菜是烤鸡丁串（sate lilit）：鸡肉切丁，与柠檬草等丰富的香料混合，然后用竹签串起来烤。尝尝传统的巴厘岛路边小吃：混合有坚果和香料的炸薯片。（☎0361-742 7168；Jl Raya Kedewatan；餐25,000Rp起；⏰9:00~18:00）

Three Monkeys 创意菜 $$

20 见120页地图，C6

你可以点上一杯青柠莫吉托，感受“稻花香里说丰年，听取蛙声一片”的惬意。再加上提基火炬的光芒，感觉会很奇妙。白天有三明治、沙拉和意式冰激凌，夜间则供应亚洲经典创意菜。（☎0361-975554；www.threemonkeyscafebali.com；Monkey Forest Rd；主菜60,000~185,000Rp；⏰8:00~22:00；📶）

Mozaic 创意菜 $$$

21 见120页地图，B2

主厨Chris Salans负责打理这家广受赞誉的高级餐馆。这里供应精致的法国创意菜，还根据季节不断调整菜单，菜肴口味深受亚洲热带国家的影响。你可以在闪烁着浪漫灯光的优雅花园或是华丽的亭子里用餐。餐厅共有四种赏味套餐，都令人惊喜。（☎0361-975768；www.mozaic-bali.com；Jl Raya Sanggingan；6道菜套餐700,000Rp；⏰18:00~22:00；📶）

Gelato Secrets 意式冰激凌店 $

22 见120页地图，D5

这个冰激凌殿堂用本地水果和香料制成各种口味新鲜的冰激凌，如火龙果肉桂口味或腰果黑芝麻口味冰激凌等。（www.gelatosecrets.com；Monkey Forest Rd；冰激凌20,000Rp起；⏰10:00~22:30）

Locavore to Go 咖啡馆 $$

这家开放式咖啡馆（见32 ✪120页地图，D5）与这条街上备受赞誉的Locavore同属一个经营团队，但更为简朴，主打美味早午餐，有早餐汉堡和越南三明治（bahn mi）、手撕猪肉圆面包等各种美食。这还是一家贯彻慢食理念的餐厅。（☎0361-977733；Jl Dewi Sita；主菜50,000~120,000Rp；⏰8:30~18:00；📶）

饮品

Freak Coffee 咖啡馆

23 见120页地图，D5

店名恰如其分，这里的人都是咖啡的狂热爱好者。最好的巴厘岛咖啡豆经手工挑选，精心烘制，再小心翼翼地煮制，整个过程非常细致。此外，这里还尽可能

式制作美妙的咖啡。结果如何呢？不如亲自去这家简朴的开放式商店品尝一下。（0361-898 7124; Jl Hanoman 1; 8:00~20:00）

Room 4 Dessert

休闲酒吧

24 见120页地图，B1

明星大厨Will Goldfarb是有名的曼哈顿甜点主厨，如今在乌布开设了这家店。这里基本上和夜店差不多，不过只供应甜品。约上三五死党，点些招牌甜品，搭配出色的经典鸡尾酒和葡萄酒，让夜色在甜蜜中渐渐深沉。（0821 4429 3452; www.room4dessert.asia; Jl Raya Sanggingan; 小吃100,000Rp起; 18:00至深夜）

Coffee Studio Seniman

咖啡馆

25 见120页地图，D4

"咖啡工作室"（coffee studio）的雅号绝非浪得虚名，你可以在这个单品咖啡殿堂里见识到所有设备。从一系列咖啡中随意选择一种，有手冲咖啡、虹吸式咖啡、爱乐压咖啡以及意式浓缩咖啡，都是选用高品质印度尼西亚咖啡豆制成的。晚上，这里的食物（主菜50,000Rp起）和饮品也很受欢迎。（0812 3607 6640; www.senimancoffee.com; Jl Sriwedari 5; 咖啡30,000Rp起; 8:00~22:00; ）

Laughing Buddha

休闲酒吧

26 见120页地图，C6

这家小咖啡馆周一至周六晚上都有现场音乐，店前的街上会聚满观众。摇滚、蓝调、声乐、不插电演奏、爵士等风格，不一而足。厨房开到凌晨1:00，供应亚洲风味简餐（主菜40,000~70,000Rp）。（0361-970928; www.facebook.com/laughingbuddhabali; Monkey Forest Rd; 9:00至深夜; ）

Rio Helmi Gallery & Cafe

咖啡馆

27 见120页地图，D4

这家可爱的咖啡馆位于同名的画廊内，纸杯蛋糕非常好吃，尤其适宜喝杯咖啡，享用全天供应的早餐菜肴，感受乌布的魅力。你还可以点一杯好喝的饮品，再欣

独家贴士

灌满水瓶

巴厘岛地处热带，这里每天都有大量的瓶装水被消耗掉，扔到垃圾桶的空瓶数量惊人。在乌布的几个地方，你只需要花一点点钱（通常是3000Rp）就能灌满水瓶（塑料瓶或可循环使用的瓶子均可）。所灌的饮用水是广受当地人喜爱的Aqua品牌，每灌满一瓶水，你就能省下一只空塑料瓶，从而为保持巴厘岛的美丽尽一份力。市中心的灌水点在**Pondok Pekak Library & Learning Centre**（0361-976194; www.pondokpekaklibrary.com; Monkey Forest Rd; 课程 每小时 100,000Rp起; 周一至周六9:00~17:00，周日13:00~17:00）。

赏一下Helmi著名的摄影作品。（☎0361-972304；http://riohelmi.com；Jl Suweta 5；主菜60,000Rp起；⏲7:00~19:00）

Bridges

休闲酒吧

28 见120页地图，B4

这家餐馆以门外的小桥命名，坐拥美丽河谷景致。你可以点一杯加冰的高级鸡尾酒，聆听河水冲击岩石的声音，还有美味佳肴和品种繁多的葡萄酒。欢乐时光的特价饮品非常受欢迎。（☎0361-970095；www.bridgesbali.com；Jl Raya Campuan；⏲11:00~23:30，欢乐时光16:00~19:00）

娱乐

Paradiso

电影院

29 见120页地图，D5

这家有机素食餐馆有个颇为豪华的影厅，共150个座位，每晚放映两三场电影。影票可以换购Earth Cafe的菜品，非常划算。白天这里定期举办讲座和各种活动，具体安排可以登录网站查询。（☎0361-783 5545；www.paradisoubud.com；Jl Gautama Selatan；50,000Rp，含食物或饮品；⏲电影17:00起）

Pura Dalem Ubud

舞蹈

30 见120页地图，C4

位于Jl Raya Ubud大街西端的这个露天表演场地，以被火焰映红的石雕为背景，是一处很能令人浮想联翩的舞蹈表演场所。（Jl Raya Ubud）

Pondok Bamboo Music Shop

木偶剧院

31 见120页地图，D7

这里由知名艺人表演皮影戏，很适合无法长时间集中精力看戏的小孩子。（☎0361-974807；Monkey Forest Rd；票价75,000Rp；⏲演出 周一和周四 20:00）

Padangtegal Kaja

舞蹈

32 见120页地图，D5

这是一个简单的露天场所，交通非常便利。从各方面来说，这个演出场所都向人们展示了乌布几代人舞蹈表演原本的风貌。（Jl Hanoman）

乌布水宫

舞蹈

33 见120页地图，C4

这里的环境美到令你难以聚精会神地观看舞蹈，不过在晚上你看不到白天很迷人的睡莲和荷花。（Pura Taman Saraswati，Ubud Water Palace；Jl Raya Ubud）

Arma Open Stage

舞蹈

有最好的克差舞和黎弓舞演出团体（见8 120页地图，D8）。（☎0361-976659；Jl Raya Pengosekan）

购物

Rumble

服装

34 见120页地图，B4

店铺老板是巴厘岛著名的朋克乐队"Superman is Dead"的鼓手，店里有一

能与观看巴厘岛的舞蹈表演相媲美，特别是乌布的舞蹈。文们重游巴厘岛，也是这里有别于其他热带目的地的重要因素。大本营，观看一系列夜间演出及前往周边村庄参加活动最为便捷。面向游客的舞蹈往往经过改良和简化，以使表演更具观赏性，不过有些懂得欣赏的当地人也会混迹于游客当中（或者在屏幕周围偷偷观看）。一场演出中融合多种传统舞蹈特点的做法也很常见。

网站Ubud Now & Then（www.ubudnowandthen.com）有特别活动和演出的日程表。乌布旅游信息中心（Ubud Tourist Information；见132页）也提供演出信息并售票（票价通常为75,000~125,000Rp）。乌布之外的演出，票价往往包含交通费用。通过许多酒店、演出场所、街头商贩等不同渠道也能买到演出票，而且售价相同。演出通常持续1.5小时左右。关于手机要提醒一下：铃声很讨厌，演员们也不喜欢被闪光灯晃眼睛。

最佳舞蹈团体

在乌布演出的舞蹈团体水平参差不齐。以下是我们的最爱：

Semara Ratih 充满活力与创造力的黎弓舞演绎，其音乐也是当地舞团最佳的。

Gunung Sari 表演黎弓舞，是巴厘岛资格最老也最受推崇的团体之一。

Semara Madya 表演克差舞，催眠般的吟唱最为出色。这对一些人来说是个奇妙的体验。

Tirta Sari 表演黎弓舞和巴龙舞。

Cudamani 巴厘岛最好的加美兰乐团之一，在Pengosekan排练。

也可以留意寺庙里经常举行的仪式。20:00左右前往，你会看到巴厘岛舞蹈和音乐演出，而且文化气息最为浓厚。你需要穿着得体——下榻的酒店或当地人会告诉你怎么做。

系列很酷的本地设计街头服饰。这家店就在天马行空的布兰科文艺复兴博物馆(见124页)的入口旁，与博物馆的风格相得益彰。(www.xrmblx.co; Jl Raya Campuan; ⌚9:00~22:00)

Threads of Life Indonesian Textile Arts Center

纺织品

35 见120页地图，D4

这是家小型的专业纺织品展厅和商店，为印度尼西亚各地的天然染色、手织祭祀用纺织品的制作提供资金支持。在现代染色和纺织工艺盛行的今天，它的存在使面临失传的传统技艺得以延续。委托加工的成品会在这里展示，并附有详尽的说明材料。还会定期举办纺织品鉴赏课程(75,000Rp起)。(☎0361-972187; www.threadsoflife.com; Jl Kajeng 24; ⌚10:00~19:00)

独家贴士

旅游信息

乌布旅游信息中心(Fabulous Ubud; ☎0361-973285; www.fabuloussubud.com; Jl Raya Ubud; ⌚8:00~20:00; 📶)由乌布王室经营，是巴厘岛上真正有用的旅游信息中心。这里提供各种信息，公告板上还列出了当下热门事件和活动。工作人员能够回答多数与当地有关的问题，当地举行的仪式、传统舞蹈等相关信息也更新及时，还可出售舞蹈演出门票，安排团队游。

Kou

化妆品

36 见120页地图，D5

这里出售当地手工制造的高档有机香皂，一进门香味便扑鼻而来。在你的内衣抽屉里放块这样的香皂，香味会持续几周。香皂种类和连锁店里卖的力士肥皂可大不一样。这里还经营着Kou Cuisine(见133页)。(☎0361-971905; Jl Dewi Sita; ⌚9:00~20:00)

Ganesha Bookshop

书籍

37 见120页地图，E5

一家高品质的书店，有大量关于印度尼西亚学术研究、旅游、艺术、音乐、小说(包括二手书)的各类书籍和地图。店内的推荐书目相当不错。(www.ganeshabooksbali.com; Jl Raya Ubud; ⌚9:00~20:00)

Ashitaba

家庭用品

38 见120页地图，D6

这里销售的精美藤编商品都产自巴厘岛东部的阿迦族村庄登安南。器皿、碗、包袋等各种物品(US$5起)都显示出精致高超的编织工艺。(☎0361-464922; Jl Hanoman; ⌚10:00~20:00)

CreArt Story

工艺品

39 见120页地图，D5

这是一家适合《广告克星》(*Adbusters*)读者的商店：这里没有品牌商品。

乌布王宫的表演者（见126页）

这家店的信条是不销售出自饱受盘剥的无名工人之手的商品。店里的手工艺品都来自有利于社区发展的渠道，也都有自己的故事。（0813 3881 8829；www.facebook.com/creartstoryshop；Jl Goutama 20；11:00~20:00）

Tn Parrot

服装

40 见120页地图，D5

这件T恤商店的鹦鹉商标是一只有个性的鸟儿，它以各种形式出现在店内众多个性T恤上，设计风格多样。所有服装都采用做过防缩水处理的高质量棉布制作。（www.tnparrot.com；Jl Dewi Sita；10:00~20:00）

Pondok Bamboo Music Shop

乐器

这家商店（见31 120页地图，D7）的老板是知名加美兰音乐家Nyoman Warsa，在这里可以听到上千个竹子风铃奏响的美妙音乐。这里还有音乐课和皮影戏表演。（0361-974807；Monkey Forest Rd；10:00~20:00）

Kou Cuisine

家庭用品

41 见120页地图，D5

这里能淘到许多小巧精致的礼物，包括精美的小瓶巴厘岛果酱和当地海边出产的海盐等。（0361-972319；Monkey Forest Rd；10:00~20:00）

探索

巴厘岛东部

沿巴厘岛东部的道路漫步是岛上的一大乐事。水稻梯田依山而下，田间地头棕榈树摇曳，波涛汹涌的海水拍打着荒凉的火山沙海滩，古老的村庄不屈不挠地沿袭着传统。港口巴丹拜是真正的游客城镇，而塞马拉普拉则有承载着巴厘岛历史的重要遗址。

一日游行程

巴厘岛东部很适宜作为从巴厘岛南部或乌布出发的一日游目的地。先去瞻仰岛上最神圣、高耸入云的阿贡火山。白天热起来的时候，常有云层遮挡山峰。趁着凉快，驾车沿塞德曼公路行进，或许可以停下来去稻田里走走。上午也可以在**Uforia**（见139页）享受美味。

你可以去当地人最爱的**Warung Ida**（见141页）等海滨公路旁的餐馆吃午饭，要么就去**Bali Asli**（见139页）边享用雅致菜肴边欣赏美景。之后，在**乐比海滩**（见137页）或者沙努尔方向的黑沙海滩上待一会儿。再去**司法大厅**（见138页）和塞马拉普拉感受历史，然后去当地市场逛逛。

一日游游客可能想在天黑前赶回去。但如果你在此住宿的话，巴丹拜的海滩氛围相当迷人。另外，海岸线上与塞德曼附近还分布着大大小小的许多度假村和酒店。

巴厘岛最佳

海滩

克洛泰克海滩（见137页）

巴西布地（见139页）

乐比海滩（见137页）

潜水和浮潜

巴丹拜（见140页）

就餐

塞马拉普拉市场（见137页）

吉安雅夜市（见141页）

Warung Ida（见141页）

到达和离开

小汽车 在巴厘岛南部或乌布可以包车和司机，前往东部游玩，费用每天约US$60。

步行 在塞马拉普拉和巴丹拜，你可以轻松地从一处景点步行至下一景点。不过巴厘岛东部面积很大，在不同区域之间往来就需要交通工具了。

A
B
C
D
E
1
2
3
4
Pidpid
Abang
Ngis
11
12
Taman Tirta Gangga 蒂尔塔冈加公园
8
9
Bung Bung Adventure Biking
Krotok
Budakeling
Peladung
Abian Soan
Bebandem
Subagan
Bungaya
Asak
Perasi
Pasir Putih 巴西布地
10
Sungai Buu
Tenganan
Pura Gamang Pass
Gili Tepekong
Gili Mimpang
13
Mendira
Candidasa 赞迪达萨
Sengkidu
Teluk Amuk
Buitan
Jungutan
Sibetan
Putung
Manggis
Coast Rd
Tanah Ampo
15
17
Blue Lagoon Beach 蓝礁湖海滩
4
Duda
Selat
Muncan
Iseh
Sidemen
16
Tabola
Sangai Betel
Lawah
Kusamba
Besakih
5
Pura Penataran Agung 阿贡佩纳塔兰庙
Sungai Unda
Sungai Telagawaja
Rendang
Pempatan
Sekar
Bukit Jambal
Semarapura Market 塞马拉普拉市场
Klungkung Palace 克隆孔宫
1
6
7
Gelgel
Kamasan
Kertha Gosa 司法大厅
Tihingan
Banda
Coast Rd
2
Pantai Klotek 克洛泰克海滩
Selat Lombok
Bangli 邦利
Demulih
Sungai Pakerisan
Sidan
Peteluan
Tulikup
Gianyar
14
Siyut
Lebih
Pantai Lebih 乐比海滩
3
Pantai Masceti
Pantai Keramas
详细介绍请见
景点和活动 137页
就餐 139页
饮品 141页
0
5 km
0
2.5 miles

景点和活动

塞马拉普拉市场

市场

1 见136页地图，B3

塞马拉普拉庞大的市场是一个充满活力的商业中心，也是该地区人们相聚的地方。在这个满是摊位的3层市场里闲逛，1小时很快就过去了。是的，这里不够整洁，但非常迷人。在混乱的市场中，装满柠檬、青柠、西红柿等农产品的大草篮就像是一座座五颜六色的岛屿。这里有非常多的当地小吃，分量十足，不妨品尝几种。(Semarapura Market；Jl Diponegoro；6:00~17:00)

克洛泰克海滩

海滩

2 见136页地图，B4

从海滨路转入一条崎岖的道路驾车再开800米，一路风景迷人，但这只是到这片趣味盎然的海滩的序曲。**Pura Watu Klotek**神庙的宁静掩饰了其重要性：这里的神像都来自百沙基母庙(Pura Besakih)，专用于宗教净化仪式。这里还有小吃摊和一条新建的海滨步行砖路。看看野生灌木丛中那些淡蓝色小花，它们十分神圣。(Pantai Klotek)

乐比海滩

海滩

3 见136页地图，A4

乐比海滩闪闪发亮的细沙中含有云母。在主路不远处，发源于Tampaksiring一带磅礴的Sungai Pakerisan河在这里入海。渔船在海岸边停泊，旁边是一溜小吃摊，特色菜包括沙嗲烤鱼和鲜美的海鲜汤。空气中弥漫着烤鱼的香味。这里是停下来吃午饭的好地方，也可以从几家大型便利店买些吃的喝的，到其他海滩再享用。(Pantai Lebih)

NYIRAGONGO / GETTY IMAGES ©

克隆孔宫的雕塑（见138页）

蓝礁湖海滩

海滩

4 见136页地图，D3

在丹拜东部海岬步行约500米，尽头是一片很小的细沙海滩——蓝礁湖海滩。这里是一个田园般的地方，有几家咖啡馆以及浪头平缓、适合家庭游玩的冲浪地。(Blue Lagoon Beach)

当地生活

达勒姆斯丹庙

从吉安雅（Gianyar）向东行驶，在距离Peteluan2公里处，有条岔路通往邦利（Bangli）。沿着这条路行驶约1公里，你会遇到一个急转弯，在那里你会看到Sidan的**达勒姆斯丹庙**（Pura Dalem Sidan）。这座典型的为亡者修建的寺庙有非常精美的雕刻，尤其是门口处与孩子们在一起的杜尔伽（Durga）雕塑，以及寺庙一角单独围起来的场地——这是为亡魂守护神灵Merajapati所建的。

阿贡佩纳塔兰庙

印度教寺庙

5 见136页地图，C1

阿贡佩纳塔兰庙是百沙基母寺庙群中最重要的寺庙，依山而建，共分6层，可以由下层拾级而上。入口是庄严的善恶之门（candi bentar），进入之后，通往第二个庭院的大门kori agung更令人印象深刻。（Pura Penataran Agung；门票 每人15,000Rp，每辆车另收 5000Rp）

克隆孔宫

历史建筑

6 见136页地图，B3

1710年，德瓦阿贡（Dewa Agung）王朝迁移到这里时，修建了塞马拉普拉庙（Semara Pura）。这个宫殿的布局就像一个大广场，据信是采用了坛城的形式，有庭院、花园、亭台和护城河。宫殿原有的大部分建筑和院落在1908年荷兰人入侵时遭到了破坏，只有广场南侧的大门**培美达尔阿贡**（Pemedal Agung）保留了下来，可以仔细看看上面的雕刻。（Klungkung Palace；Jl Puputan；成人/儿童 12,000/6000Rp；⏲6:00~18:00）

司法大厅

历史建筑

7 见136页地图，B3

司法大厅位于克隆孔宫建筑群的东北角，实际上就是克隆孔王国的高等法院，村一级无法解决的纠纷和案件最终会被送到这里裁决。这座开放式大亭子是克隆孔建筑的典范。天花板上全部饰以精美的克隆孔风格绘画。这些绘在石棉板上的画作安装于20世纪40年代，以替代已朽坏的布画。（Kertha Gosa，Hall of Justice；Klungkung Palace）

蒂尔塔冈加公园

宫殿

8 见136页地图，E1

安拉普拉从前的统治者钟情于水，在完成Ujung这一失落的杰作后，他又在1948年建造了这座梦想中的水上宫殿蒂尔塔冈加公园，这次他成功了。这座建筑以一片错落有致、依山而建的壮观水稻梯田为背景。（Taman Tirta Gangga；成人/儿童 20,000/10,000Rp，停车 2000Rp；⏲公园24小时，售票处 7:00~18:00）

Bung Bung Adventure Biking

骑车

9 见136页地图，E1

你可以参加这个草根团队游公司的自行车游，骑车沿着山坡向下穿越蒂尔塔冈加周边令人叹为观止的稻田、梯田与河谷。行程从2小时到4小时不等，费用包含租用山地自行车和头盔、饮用水，以及大量的当地观光。办事处就在蒂尔塔冈加公园入口对面的**Homestay Rijasa**（0363-21873；Jl Tirta Gangga；房间含早餐175,000~250,000Rp起；）。需要预订。（0813 3840 2132，0363-21873；bungbungbikeadventure@gmail.com；Homestay Rijasa，Tirta Gangga；半天/全天团队游250,000/300,000Rp起）

巴西布地

海滩

10 见136页地图，E3

巴西布地（又称梦幻海滩或天然海滩）是巴厘岛人气最旺的"神秘"海滩，正如其名字原本的含义"白色沙滩"一样，这里是一片充满田园风光的白沙滩。当我们2004年第一次造访的时候，这里还很空旷，只在沙滩的尽头停泊着一些渔船。如今这里已经成了海滨经济发展的实验场。（Pasir Putih）

就餐

Warung Enak

巴厘菜 $

11 见136页地图，E1

这是一个特别简单但非常棒的小餐馆，招牌菜是黑米布丁和一些不常见的当地食物，还有当天打捞上来的新鲜海鲜和自制冰激凌。（0819 1567 9019；Jemeluk；主菜50,000Rp起；9:00~23:00）

Bali Asli

巴厘菜 $$

12 见136页地图，E2

安拉普拉周边的青山堪称巴厘岛东部最美的景色，澳大利亚主厨Penelope Williams开办的雅致餐馆和烹饪学校（1,000,000Rp）则充分利用了这一优势。她用自己苗圃中出产的食材制作餐食，口味融巴厘岛的活力和印度尼西亚的风味于一体。这里的米饭配菜可能是最可口的。（0822 3690 9215；www.baliasli.com.au；Jl Raya Glumpang，Glumpang；

当地生活

巧克力带来的愉悦

Uforia（0363-21687；www.uforiachocolate.com；Jl Pura Mastima，Amlapura；9:00~17:00，工作坊团队游 6月至8月 周一至周三 10:00~16:00）位于赞迪达萨（Candidasa）以东12公里处，有现场制作的各种单品巧克力，配料使用永续种植的有机食材。团队游引人入胜，会带领你深入了解生产过程，可提前致电预订和咨询交通路线。每周六你都可以参加工作坊，从选择配料开始一步步制作个性化巧克力。

了解当地

巴厘岛东部的村庄

在老皇城塞马拉普拉引人遐思的遗址，你会找到巴厘岛的过往。沿着塞德曼公路旁从山上奔流而下的河川前行，可以寻找能让你联想起世外桃源的美景和峡谷。海岸线上，则有绝妙的巴丹拜和潜水热点图兰奔。

巴丹拜

这座海滨小镇充满真正的旅行目的地氛围。紧凑的滨海背包客区域分布着便宜的住处和有趣的咖啡馆。这里的生活节奏很慢，但如果你想找些游玩的项目，这里也有不错的浮潜和潜水点，还有些难度不大的徒步线路。

图兰奔

这里最吸引人的景点是在60多年前沉入海底形成的。美国货轮“自由号”(Liberty)残骸的所在地是巴厘岛最好也最热门的潜水点，这座小镇以水肺潜水为基础而发展繁荣，即使浮潜者也可以轻松地游泳去欣赏残骸和珊瑚。但假如你不准备在海浪中探索，也别指望能在海滩上闲逛，因为这里的海岸上全都是被浪涛拍打的漂亮大石头。

塞马拉普拉

整洁的地区首府塞马拉普拉(Semarapura)肯定会出现在你的行程安排上，因为这里有精美的司法大厅(见138页)建筑群，它是荷兰殖民统治之前的遗迹。塞马拉普拉曾经是巴厘岛最重要王国的中心，至今仍常常被唤作以前的名称——克隆孔(Klungkung)。

塞德曼

作为一个草木茂盛的避世之地，塞德曼(Sideman)地区一年比一年热门，无论在哪里徒步，都是与自然的交融。通往塞德曼的公路蜿蜒穿过巴厘岛最优美的河谷，沿途可以看到绝美的稻田风光、宜人的乡间风景和壮观的阿贡火山(Gunung Agung)——如果没有被云层遮挡的话。

塞德曼村是文化和艺术中心，endek(用于制作传统纱笼)和金锦缎特别有名。**Pelangi Weaving**(☎0366-23012; Jl Soka 67; ⏲8:00~18:00)的几十名员工总是在楼下忙着创作，楼上则是展厅，你可以在室外舒适的椅子上欣赏塞德曼地区的风景。

套餐 160,000~220,000Rp; ⏲10:00~19:00; 📶)

Vincent's

各国风味 $$

13 见136页地图，E3

这是巴厘岛东部首屈一指的餐馆，有几个风格独特的开放式餐区，还有一个宽敞、漂亮的后花园，里面摆放着藤艺家具。酒吧是一个播放爵士乐的绿洲。菜单上有可口且富有创意的巴厘岛菜肴、新鲜的海鲜和欧洲菜肴，各式参巴酱不容错过。周四晚上有现场音乐表演。(☎0363-41368; www.vincentsbali.com; Jl Raya Candidasa; 餐 60,000~150,000Rp; ⏲8:00~23:00; 📶)

吉安雅夜市

市场 $

14 见136页地图，A3

锅碗瓢盆交响曲以及炫目的灯光，给吉安雅的美味夜市增添了几分狂热而喜庆的气氛。每个当地人都会告诉你，这里能找到巴厘岛最可口的美味佳肴。每天夜晚都有数十个餐饮摊摆在中心位置，烹饪一系列让你垂涎欲滴、瞠目结舌的菜肴。(Gianyar Night Market; Jl Ngurah Rai; 菜肴15,000Rp起; ⏲17:00~23:00)

Topi Inn

咖啡馆 $

15 见136页地图，D3

这里全天供应果汁、奶昔和香醇的咖啡。早餐很丰盛，白天停靠在门口的渔船运来什么，晚上店里就烤什么。自带水瓶灌水需花费2000Rp。还有一间很有氛围的竹子酒吧，售卖便宜的啤酒。(☎0363-41424; Jl Silayukti; 主菜 50,000Rp起; ⏲7:30~22:00)

Warung Ida

巴厘菜 $

16 见136页地图，C2

这里的确有位叫Ida的女士，她烹制的印度尼西亚菜肴真是独特又美味。她的家人担任服务员，露天就餐环境气氛悠闲。日落时可以来喝杯Bintang啤酒，然后继续享受用周边田地出产的农产品做出的菜肴。餐馆位于主干道旁，也提供住宿。(☎0812 364 7384; 主菜 40,000Rp起)

饮品

Sunshine

酒吧

17 见136页地图，D3

想领略当地风情，这家几乎没有店面的酒吧(大多数座位摆在店外人行道上)在夜间供应简单的烤鱼和冰爽的啤酒。酒吧的座右铭“点亮我们的灵魂”(light up our soul)可以从多方面来诠释，如即兴音乐演奏会等。(紧邻Jl Silayukti; ⏲16:00至深夜)

顶级体验

特拉旺干岛

到达和离开

船 Blue Water Express (www.bluewater-express.com)的船从Serangan和巴丹拜出发。单程票价US$50~60，行程约2小时。

特拉旺干岛(Gili Trawangan)上的主干道两旁坐落着众多光鲜亮丽的休闲酒吧、时尚酒店、国际化餐馆、迷你超市和潜水学校。然而，在这炫目的外表下，它始终坚持着波希米亚式的不羁风格，比如高档鸡尾酒吧旁边摇摇欲坠的小吃摊和雷鬼酒吧。快船使特拉旺干岛与巴厘岛之间的交通非常便捷，对许多人来说，在这里待一两晚参加派对，再在狂欢之余享受美妙的海水，是旅行的一大乐趣。

不要错过

海滩

特拉旺干岛被细粉般的白色沙滩环绕着，而这正是人们在巴厘岛遍寻不着的。岛屿东部最热闹，沙滩在全印度尼西亚也是出类拔萃的。蔚蓝的海水拍打着晶莹的白沙，真是太美了。

浮潜

特拉旺干岛周围有许多珊瑚礁，从海滩前去也非常方便，这里的浮潜体验堪称一流。如果你喜欢游泳，无须身负氧气瓶就能探索礁岩，定会令你无比喜悦。你可以从任意海滩出发，或者乘数量众多的玻璃底船向离岸更远的海面进发。除了许多鱼类，你还可以看到海龟。

潜水

吉利群岛（Gili Islands）的海洋生物种类丰富，数量庞大，堪称潜水的天堂。海龟、黑尖礁鲨、白尖礁鲨都很常见，海马、海龙、众多甲壳类动物等小型生物也相当迷人。满月前后，会出现大群隆头鱼捕食珊瑚虫卵；其他时候还能看到蝠鲼在潜水点周边游来游去。

夜生活

特拉旺干岛介于狂欢中心和精致优雅之间。每周有三晚（周一、周三、周五）举行派对，场地不定。DJ播放的音乐混合浩室、迷幻等风格，随着岛上的商业气息渐浓，节奏蓝调也越来越常见。这座岛屿有十几家相当不错的海滨酒吧，风格从时髦的休闲酒吧到简陋棚屋不一而足。

☑ 独家贴士

- 特拉旺干岛的邻居米诺岛和艾尔岛安静得多，夜生活的规模也比特拉旺干岛小得多。
- 有些渡轮公司运营前往吉利群岛的夜班渡轮，之前发生过数起事故，所以一定要乘坐经验丰富的公司运营的渡轮。
- 特拉旺干岛有几台自动柜员机。
- 在斋月期间，夜生活场所会缩短营业时间以示对当地文化的尊重。

吃喝落脚点

Scallywags（☎0370-614 5301; www.scallywagsresort.com; 餐 40,000~180,000Rp; ⏲8:00~22:00; 📶）位于海滨，地理位置优越。这里的装饰采用休闲而又不失时尚的海滨风格，有亮晶晶的玻璃器皿、贴心的服务以及极好的鸡尾酒。晚餐菜单主打美味的海鲜——新鲜龙虾、金枪鱼排、鲷鱼、箭鱼，还有很不错的自助沙拉。海鲜烧烤更是吸引了大批食客。

最佳步行游览
阿勇河谷

简介

阿勇河（Ayung River, Sungai Ayung）的奇妙景观正是这条远足路线的精华所在，沿途热带植物茂盛，是乌布附近体验世外桃源般景致的好地方。你将跨过一条奔腾的河流，在青翠的河谷中漫步，满眼都是令人难以置信的绿色美景；途中还将经过一座地标性的典型村庄，并且会穿越一位旅居巴厘岛的伟大外国作家的故居。

起点 卡姆普安桥

终点 卡姆普安桥

距离 5公里；5小时

吃喝落脚点

河谷中没有能吃喝歇脚的地方！要备足饮用水，并从乌布的熟食店或者咖啡馆买好野餐的食品。行程快结束时，路上有许许多多可以停下来休息的场所。沿着Jl Raya Sanggingan路轻松下坡时，路旁有多家供你休整的咖啡馆，犹如一片乐土。

MANFRED GOTTSCHALK / GETTY IMAGES ©

贝内斯塔南的当地人在为节日做准备

❶ 贝内斯塔南

从卡姆普安桥（Campuan）出发，在Hotel Tjampuhan对面登上陡峭的水泥台阶，再向西经过**贝内斯塔南**（Penestanan）的稻田和艺术工作室。在这里，你还会看到更多的艺术工作室和传统民居。不妨再看看街角那些雅致的小寺庙。

❷ Sayan

现在沿小路向北，绕行前往**Sayan**和**Sayan Terrace hotel**。20世纪30年代，科林·麦克菲（Colin McPhee）曾旅居于此，在其名著《巴厘岛小屋》（*A House in Bali*；岛上书店有售）中记录了这段经历。麦克菲是首批以学术方式记录巴厘岛音乐和舞蹈的西方人之一。

❸ 进入河谷的小路

沿着下山的小路到达通往酒店客房的大门处。这条路又陡又滑，沿途还有不少足以令你迷路的岔路口。当地人可以为你指路，不过你要给他们10,000Rp左右的小费。要注意，在你沿河而行的时候，会遇到农夫索要钱财，给了钱才能通过他们的田地——5000Rp算是比较公道了。对于任何所谓的“向导”，不要给钱。

❹ 阿勇河谷

沿着崎岖的小路向北，在**阿勇河**东岸你会经过不少陡坡、稻田，以及开辟于茂密的热带丛林中的灌溉水渠。沿河一直向北走，无须遵循任何特定的小径。湍急的河水从巨石上流过，制造了许多漩涡和水池，煞是好看。

❺ Kedewatan

沿蜿蜒的河谷走约1.5公里（可以随心所欲地走走停停），你就到了从上游开始的激浪漂流的终点。茂密的树林中，有一条路况不错但很陡的上山小路，在**Kedewatan**与主干道会合；沿主路向北，再向东1公里就走回乌布了。

❻ Sanggingan

主干道在**Sanggingan**向正南方向转了个直角弯，继续走长长的一段路就会到你这次徒步的起点卡姆普安桥，这一路都是下坡，但坡度不大。路旁有多家咖啡馆，可以去Naughty Nuri's品尝著名的马提尼，也可以在奈卡美术馆停留，瞧瞧艺术家们是怎样描绘你一路上看到的许多景点。

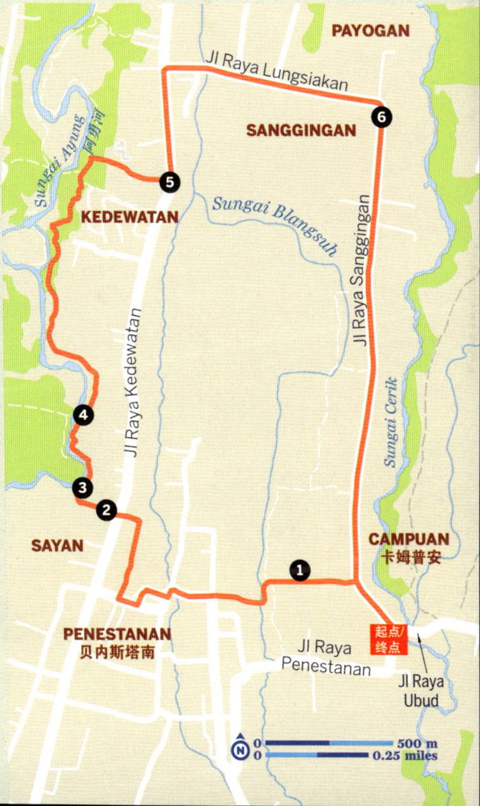

生存指南

乌布的稻田

生存指南

出发前

何时去

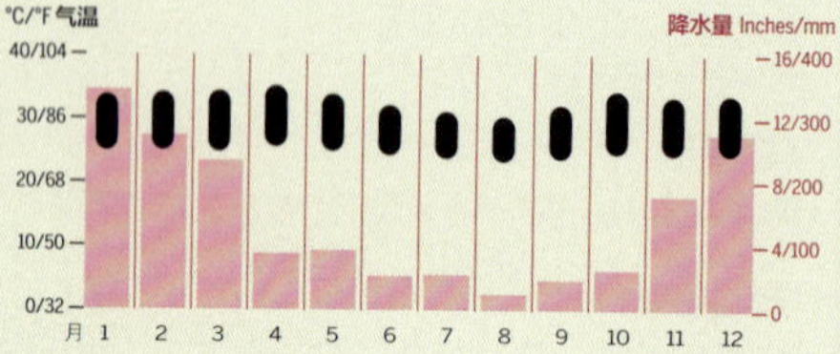

➡**旺季（7月、8月、12月）**

住宿价格上涨至少50%。多数酒店早早就被订满，最好的餐馆需要预订。圣诞节和新年期间价格昂贵，游客众多。

➡**平季（5月、6月、9月）**

最理想的天气（更干燥）。客房价格划算，最后一刻折扣的机会也比较多。适宜进行包括潜水在内的许多活动。

➡**淡季（1月至4月、10月、11月）**

一切都很便宜，机票价格划算。恰逢雨季，不过降水量并不夸张，可以进行多数活动。

预订住宿

➡**概况** 在巴厘岛，各价
区间都有许多高性价比
择。如果在8月或圣诞节
旺季前往，要至少提前3个
预订。

➡**度假村** 巴厘岛有几处度
村堪称世界最佳，价格也
别处便宜。有些度假村就
海滩旁，还有些则坐落在
木葱郁的山谷。

➡**别墅** 可供你避开喧嚣，
享受奢华，当然还有私
泳池。

➡**酒店** 巴厘岛的酒店成百
千，其中许多位于繁华地段，
价格很划算。

➡**家庭寄宿和客栈** 在巴
岛，家庭经营的住宿场所
很舒适，还可令你充分领
当地人的生活。

参考网站

Bali Private Villas（ww
baliprivatevillas.com）主
各种高端别墅。

…li Ultimate Villas(www.…liultimatevillas.net)别…代理，也提供婚礼服务。

…D(www.jed.or.id)通过…村生态旅游网络(Villa-…Ecotourism Network)…排乡村住宿。

…onely Planet(www.…nelyplanet.com/indo…esia/bali)目的地信息、…店预订、旅行者论坛及…他。

…佳经济型住宿

…ondok Baruna(www.…ondokbaruna.com)位…于蓝梦岛的君古特巴图海…滩(Jungutbatu Beach)，…与当地潜水运营商World…Diving联营，提供的客房绝…佳，露台正对大海。

…uta Bed & Breakfast(kutabnb@gmail.com)…这家出色的客栈就坐落在…Bemo Corner对面，基础…设施齐全，9个房间非常…舒适，步行前往海滩仅需…0分钟。屋顶视野良好，…可欣赏库塔城区轮廓，附…近还有许多夜生活场所。…从机场乘车，10分钟可达…客栈。

…hrisna Home Stay(…pinpinaryadi@yahoo.com)这是一家美妙的家庭住宿，客房共7间，周围环绕着自然生长的番石榴、香蕉、百香果、木瓜、橙子等各种树木和植物。丰富的早餐肯定没的说。房间舒适(有露台)，老板很友好。

Padma Ubud(www.padmaubud.com)位于一座热带苗圃中，有12座私密平房，另有一个泳池。房间以当地工艺品做装饰，非常现代的室外浴室有热水。

最佳中档住宿

Matahari Cottages(www.matahariubud.com)乌布这家别具一格的客栈有15个色彩艳丽的主题房间，如“巴达维亚公主”(Batavia Princess)和“印度帕夏”(Indian Pasha)等。藏书室颇有些20世纪20年代奇幻主义的味道。自诩的“丛林按摩浴缸”(jungle jacuzzi)是巴厘岛河流沐浴传统的高端体验。早餐菜式丰富，英式下午茶使用银器来盛放精致的茶点。

Temple Lodge(www.thetemplelodge.com)这里有用茅草、浮木和其他天然材料建造的小屋和棚屋，仅用“艺术和美丽”尚不足以形容这里的美妙。每间小屋都坐落在悬崖突出的岩石上，下方正是冲浪点。你可以从无边泳池和7套小屋中看到无与伦比的美景。

Rock'n Reef(www.rock-n-reef.com)6间平房都建在Impossibles海滩的岩石上，放眼望去就可看到无敌海景。每间平房的设计既质朴又艺术气息十足，使用灰泥和浮木等天然材料装饰，配有私密阳台和阳光露台。全天候开放的咖啡馆供应简单的印度尼西亚菜肴。

Swasti Eco Cottages(www.baliswasti.com)离圣猴林保护区南门只需步行5分钟，这个建筑群的院落占地面积很大，有机菜园坐落其间(农产品直供这里的咖啡馆)。部分客房在简单的两层楼房中，其他的客房都在从印度尼西亚各地迁移到此的古老传统房屋中。绿色理念比之乌布的住宿有过之而无不及。

最佳高端住宿

Como Uma Ubud(www.comohotels.com)乌布最具魅力的住宿之一，46间客房大小各异，不过都是一副闲适的自然格调，与美丽的花园和远处的河谷景色相得益彰。服务和设施都堪称一流。

Alila Villas Uluwatu（www.alilahotels.com/uluwatu）这个占地面积巨大的度假村外观让人惊叹，现代艺术风格的房间既明亮又通风，不乏奢华的感觉。Alila拥有85间客房，服务亲切友好。周边景色美好，蓝色的大海与绿色的稻田交相辉映。距离Jl Ulu Watu约2公里。

Hotel Tugu Bali（www.tuguhotels.com）这家精致的酒店就位于巴都博隆海滩，会让你分不清这里究竟是住宿的地方还是美术馆，尤其是在用艺术家沃尔特·斯皮斯和勒迈耶曾用过的物品装点的房间里。另有一个水疗中心和一家高端的海滨酒吧Ji。

Amankila（www.amankila.com）巴厘岛最佳度假村之一，坐落在巴厘岛东部悬崖突出处。在经过巴丹拜路口约5.6公里处和距离去往曼吉斯（Manggis）的公路500米处，有一条标记不太显眼的小路通往酒店。这里的位置偏僻而独特，可以观赏珀尼达岛的美妙景色。

抵达巴厘岛

努拉·莱伊国际机场

➡努拉·莱伊国际机场（Ngurah Rai International Airport; bali-airport.com）位于库塔以南，是巴厘岛唯一的机场。该机场在国际上有时也被称为登巴萨机场，而在一些订票网站上则被称作巴厘岛机场。

➡中国国际航空公司、中国南方航空公司、中国东方航空公司、厦门航空公司的航班可以从北京、上海、广州、深圳、厦门等城市飞往巴厘岛，港龙航空执飞从成都、昆明飞往巴厘岛的航班。另外，亚洲航空公司和印尼鹰航（Garuda Indonesia）也有飞往巴厘岛的航班。另外，你也可以乘飞机先抵达雅加达，而后转机至巴厘岛。

➡巴厘岛目前的机场航站楼是在2013年投入使用的。可惜的是，这座航站楼布局曲折，入境和海关检查处的等候队伍过长，有时还存在自动扶梯不能使用等诸多问题。

➡从机场乘出租车至库的费用为80,000Rp，至明漾130,000Rp，至乌300,000Rp。

当地交通

包车

➡对巴厘岛当地交通来说，包车是个相当好的选择，如果是多人结伴出行的话，这也是不错的省钱办法。

➡全天费用为500,000~800,000Rp。

➡安排包车非常方便，游客中心周边的街道上常有人念叨着“transport?”以招徕生意。可以自行与司机沟通，或者向下榻酒店咨询，还可以从其他旅行者处了解。

➡出发时要负责给司机买午饭（他们都希望自行解决午餐，给他们20,000Rp也可以），还有小吃和饮品。

出租车

➡打表的出租车在巴厘岛南部和登巴萨（乌布除外）很常见。这些出租车是当地交通的重要方式，在繁华区域通常都可以挥手拦下辆。

目前最好的选择当属 …lue Bird Taxi（☎0361-…1111；www.bluebirdgroup.…m），该公司运营的车辆…体为蓝色，顶灯带有蓝…图案。要提防大量的冒…车，可以寻找挡风玻璃…的蓝鸟标志和电话号…。该公司还提供手机应…软件，订车很方便。

➡尽量避免乘坐不使用计…器的出租车。

小汽车和摩托车

➡租用小汽车或摩托车将使你更方便地探索巴厘岛，也会帮你实时计算还车时间。行车条件可能令人抓狂，另外，巴厘岛南部的交通状况也无比糟糕。

➡各类住宿场所都可以帮你安排租车，每天的费用约50,000Rp。

自行车

➡游客区域有许多自行车出租，但许多都是车况不佳。你可以向住宿场所咨询租车事宜，每天的费用…0,000Rp起。

…船

➡巴厘岛和附近岛屿之间有快船往来。

➡船的运营并无秩序可言，之前也发生过事故。要乘坐信誉良好的公司运营的船只，出发前确认是否有救生艇以及方便使用的救生设备。

实用信息

签证

➡自2015年6月10日起，中国公民自巴厘岛努拉·莱伊国际机场入境印度尼西亚，可享受免签证政策，停留不超过30天。免签证政策仅适用于旅游目的，入境后不得延长或变更为其他居留许可。入境者应持有效期6个月以上的护照及30天内离境机票。以其他目的或赴印度尼西亚其他目的地，可按现行落地签证相关规定办理落地签证，或通过印度尼西亚驻华使馆、驻广州总领事馆和驻香港总领事馆办理签证。

现金

➡巴厘岛的货币单位是卢比（rupiah，Rp）。

➡自动柜员机很常见，兑换货币很方便。

➡高档场所接受信用卡付账。

➡美元是最容易兑换的货币。

➡凡贴有“银联”标识的商户均可使用银联卡，部分酒店或者品牌商户不张贴“银联”标识，持卡人可询问收银员是否可以使用。当地银联服务热线为001-803-442-279（仅支持INDOSAT运营商）和007-803-011-0893（仅支持PTT Telkom运营商）。

自动柜员机

➡巴厘岛到处都有自动柜员机，只有蓝梦岛例外，这一点值得注意。

➡多数自动柜员机吐现金后才退卡，注意不要忘记取卡。

➡BCA银行、BRI、BJB、Bank Mandiri、Bank Sinarmas、Bank Pundi、BRI Syariah、OCBC Nisp、KEB Hana Bank、花旗银行及汇丰银行在印尼的自动柜员机均可使用银联卡取现，花旗银行的自动柜员机提供中文界面。

小费

➡在巴厘岛，并非一定要按照账单百分比给小费，不过如果服务很好，你可以留下至少5000Rp或账单的

10%作为小费。

➡你可以直接将现金小费给个人（如出租车司机、行李工、按摩师、海滩上给你端啤酒的侍者），以对他们的服务表示认可，5000~10,000Rp或者账单总额的10%~20%就足够大方了。

➡多数中档和高档的酒店和餐厅会在账单上附加21%用于支付税费和服务费（称为“附加再附加”，即plus plus）。

货币兑换处

➡你可以通过网络查询当前汇率。要知道，任何提供更划算汇率或声称不收取费用或手续费的兑换商总是要通过其他手段获利。

➡只去银行、机场兑换窗口或者信誉良好的大型兑换处，Central Kuta Money Exchange（www.centralkutabali.com）在巴厘岛南部及乌布设立了许多网点。

电源

印度尼西亚标准的电源电压为220伏特，为两孔圆形插座，需自备转接头才可使用。

Type C
220V/50Hz

Type F
230V/50Hz

营业时间

餐馆和咖啡馆 每天8:00
22:00

商店和游客服务 每
9:00~20:00或更晚

节假日

以下假期适用于印
尼西亚全国。许多节日
不遵循公历，而是依据
相（而不是月份）或宗教
法变化，所以以下日期都
预计。

新年（Tahun Baru Masehi）1月1日

中国春节（Tahun Baru Imlek）1月末至2月初，农历正月初一

耶稣受难日（Wafat Yesus Kristus）3月末或4月初

劳动节（Hari Buruh）5月1日

佛祖的诞辰、顿悟和涅槃日（Hari Waisak）5月

耶稣升天节（Kenaika
Yesus Kristus）5月

独立日（Hari Proklama
Kemerdekaan）8月17日

圣诞节（Hari Natal）12月25日

电话

➡当地SIM卡很便宜

5000Rp起，不含话费），处都有销售，而且充话费方便。

拨回中国的国际代码86。要注意的是，用当不同的电话运营商，要在拨号前加拨不同5位IP号码。常见的运商有XL（01000，拨号1000+86+中国号码）、elkom（01017）、Indosat01016）等。具体应在卡前仔细咨询当地电信司。

巴厘岛全岛都有3G或更快的网络覆盖。

各种现代化的手机都可在此使用。如果在巴厘岛期间打算使用自己的电话，需要开通国际漫游。中国移动、中国联通和中国电信都开通了在印度尼西亚的手机漫游服务，具体资费请咨询供应商。

厕所

在旅游区，西式厕所非常普遍。

白天如厕可以到咖啡馆或酒店，记得面带微笑（只有几处主要景点有公厕）。

旅行安全

暴力犯罪很少见，抢包、扒窃、入室盗窃、停车盗窃等发生率倒是有所上升。

➡不要携带毒品到巴厘岛，逗留期间也不要购买毒品。因为涉毒的刑罚特别严厉，而且库塔到处都是扮作毒贩的警察。

➡雨后远离河流入海处附近的海滩和海水，各种脏东西都有可能随水四散。

➡走在人行道上要小心，路上的大洞会造成重伤，夜间出行要携带手电。

➡对许多游客来说，巴厘岛最令人厌烦的就是沿街叫卖的小贩和招徕生意的掮客，但他们也只是为了糊口。如果对他们售卖的东西不感兴趣，别理他们就是——礼貌地说句tidak（no）反而会令他们缠上来。

残障旅行者

➡印度尼西亚缺乏对残障人士的保障和服务，行动不便的人士在这里旅行殊为不易。

➡可以从网站http://lptravel.to/AccessibleTravel免费下载Lonely Planet的《无障碍旅行指南》（*Accessible Travel*）。

健康

➡在巴厘岛绝对不能直接饮用自来水。

➡瓶装水通常来说都很安全，不过在购买的时候要检查封口是否完好。不妨寻找能灌饮用水的场所，以减轻当地垃圾填埋的压力。

➡尽量不要喝游客餐厅和咖啡馆之外的鲜榨果汁。

➡在巴厘岛南部和乌布有面向游客的诊所，几乎所有酒店都可以联系到会说英语的医生。

➡如果病情严重，可以去价格不菲的私人诊所**BIMC**（☎0361-300 0911，0361-761263；www.bimcbali.com；Jl Ngurah Rai 100X；⏲24小时），该诊所主要接待游客及外籍人士。

➡确保购买的旅行保险涵盖医疗后送的费用。有些保单不承保"危险活动"，包括水肺潜水、在当地租摩托车，甚至徒步等。

➡登革热是个问题，要使用含DEET的驱蚊剂。住宿场所要选有纱窗和风扇的（如果没有空调的话）。

➡狂犬病是个大问题，这种

疾病是致命的，如果你被流浪动物咬到或与之接触的话，一定要立即就医。要看好孩子。

➡一直都有游客及当地人饮用掺有甲醇的arak（当地烈酒，由棕榈糖或蔗糖蒸馏而成）而中毒甚至死亡的报道。尽管arak是种很受欢迎的饮品，但最好还是只在靠谱的餐厅或咖啡馆饮用。

➡旅行者腹泻很常见，一定要使用Gastrolyte等抗脱水溶液补充水分，如果24小时内未能缓解，可以考虑使用抗生素。

➡巴厘岛全年炎热、潮湿注意避免脱水以及在高下剧烈活动。可以使用指数防晒霜，戴帽子和阳镜。

幕 后

说出你的想法

我们很重视旅行者的反馈——你的评价将鼓励我们前行，把书做得更好。我们同样热爱旅行的团队会认真阅读你的来信，无论表扬还是批评都非常欢迎。虽然很难一一回复，但我们保证将你的反馈信息及时交到相关作者手中，使下一版更完美。我们也会在下一版特别鸣谢来信读者。

请把你的想法发送到**china@lonelyplanet.com.au**，谢谢！

请注意：我们可能会将你的意见编辑、复制并整合到Lonely Planet的系列产品中，例如旅行指南、网站和数字产品。如果不希望书中出现自己的意见或不希望提及你的名字，请提前告知。

请访问lonelyplanet.com/privacy了解我们的隐私政策。

声明

气候图表数据引用自Peel MC,Finlayson BL & McMahon TA（2007）‘Updated World Map of the Köppen-Geiger Climate Classification’,*Hydrology and Earth System Sciences*,11,1633-44。

封面图片：巴厘岛的稻田，Martin Puddy/@Getty Images。

本书部分地图由中国地图出版社提供，其他为原书地图，审图号GS（2017）2480号。

关于本书

这是Lonely Planet *Pocket Bali*的第5版。本书的作者为安·维尔·贝克摩斯。

本书为中文第一版，由以下人员制作完成：

项目负责 关媛媛

项目执行 丁立松
翻译统筹 肖斌斌
翻 译 齐浩然
内容策划 郭瑶（本土化内容） 沐昀
视觉设计 李小棠 佟雪莹
协调调度 沈竹颖
责任编辑 马 珊 叶思婧

地图编辑 马 珊
制 图 刘红艳
终 审 杨 帆
流 程 孙经纬
排 版 北京梧桐影电脑科技有限公司

感谢菜畦、刘霜为本书提供的帮助。

索引

可参考如下子索引

景点 000
地图页码 000

就餐

饮品

景点 000
地图页码 **000**

娱乐

购物

运动和活动

景点 000
地图页码 000

我们的故事

一辆破旧的老汽车，一点点钱，一份冒险的感觉——1972年，当托尼（Tony Wheeler）和莫琳（Maureen Wheeler）夫妇踏上那趟决定他们人生的旅程时，这就是全部的行头。他们穿越欧亚大陆，历时数月到达澳大利亚。旅途结束时，风尘仆仆的两人灵机一闪，在厨房的餐桌上制作完成了他们的第一本旅行指南——《便宜走亚洲》（*Across Asia on the Cheap*）。仅仅一周时间，销量就达到了1500本。Lonely Planet从此诞生。

现在，Lonely Planet在都柏林、富兰克林、伦敦、墨尔本、奥克兰、北京和德里都设有公司，有超过600名员工及作者。在中国，Lonely Planet被称为"孤独星球"。我们恪守托尼的信条："一本好的旅行指南应该做好三件事：有用、有意义和有趣。"

我们的作者

瑞安·维尔·贝克摩斯（Ryan Ver Berkmoes）

瑞安·维尔·贝克摩斯迄今参与撰写的Lonely Planet指南已经超过110本。他在加利福尼亚州的圣克鲁斯长大，17岁时去了中西部地区上大学，并在那里第一次见到了雪。这种新鲜感所带来的快乐很快就消失殆尽了。他自此开始全球旅行，既为消遣，也为工作——这两者往无法区分。通过ryanverberkmoes.com和Twitter@ryanvb可以了解关于瑞安的更多息。

巴厘岛

中文第一版

书名原文：*Pocket Bali*（5th edition，Jul 2017）

本中文版由中国地图出版社出版

图书在版编目 (CIP) 数据

巴厘岛 / 澳大利亚 Lonely Planet 公司编；齐浩然译 .-- 北京：中国地图出版社，2017.9

书名原文：Pocket Bali

ISBN 978-7-5204-0177-7

Ⅰ.①巴… Ⅱ.①澳… ②齐… Ⅲ.①旅游指南－印度尼西亚 Ⅳ.①K934.29

中国版本图书馆 CIP 数据核字 (2017) 第 240270 号

出版发行	中国地图出版社
社　　址	北京市白纸坊西街 3 号
邮政编码	100054
网　　址	www.sinomaps.com
印　　刷	北京华联印刷有限公司
经　　销	新华书店
成品规格	106mm×153mm
印　　张	5.25
字　　数	183 千字
版　　次	2017 年 9 月第 1 版
印　　次	2017 年 9 月北京第 1 次印刷
定　　价	39.00 元
书　　号	ISBN 978-7-5204-0177-7
审 图 号	GS（2017）2480 号
图　　字	01-2017-5901

如有印装质量问题，请与我社发行部（010-83543956）联系